高校图书馆文献资源建设实证研究

段双喜 著

国家图书馆出版社

图书在版编目(CIP)数据

高校图书馆文献资源建设实证研究/段双喜著. --北京:国家图书馆出版社,2018.7
ISBN 978 - 7 - 5013 - 6421 - 3

Ⅰ.①高… Ⅱ.①段… Ⅲ.①院校图书馆—文献资源建设—研究 Ⅳ.①G258.6

中国版本图书馆 CIP 数据核字(2018)第 084784 号

书　　名	高校图书馆文献资源建设实证研究	
著　　者	段双喜	
责任编辑	高　爽	
封面设计	耕者设计工作室	

出　　版　国家图书馆出版社(100034　北京市西城区文津街 7 号)
　　　　　　(原书目文献出版社　北京图书馆出版社)
发　　行　010 - 66114536　66126153　66151313　66175620
　　　　　　66121706(传真)　66126156(门市部)
E-mail　　nlcpress@ nlc.cn(邮购)
Website　www.nlcpress.com ──→投稿中心
经　　销　新华书店
印　　装　北京鲁汇荣彩印刷有限公司
版　　次　2018 年 7 月第 1 版　2018 年 7 月第 1 次印刷

开　　本　880×1230(毫米)　1/32
印　　张　6.5
字　　数　180千字

书　　号　ISBN 978 - 7 - 5013 - 6421 - 3
定　　价　45.00元

目　　录

前　言

新技术引起阅读、研究、教育和学习模式变化，开放获取运动兴起，大型开放式在线课程（Massive Open Online Courses，MOOC）出现，图书馆和出版商的关系也在发生变化，这些因素正在深刻地影响着图书馆。有学者指出，2017 年有七大技术与图书馆密切相关。未来 1 年内可能采用大数据和数字学术技术，2—3 年内可能采用图书馆服务平台和在线身份，4—5 年可能采用人工智能和物联网[1]。

"这是最好的时代，也是最坏的时代。"张洪元先生用狄更斯的这句名言来形容目前图书馆的境地[2]。这句话前半句对图书馆用户而言，非常确切。以前千里之外的图书与材料，可能需要远涉重洋，历尽辛苦才能得到，现在数秒之内就可以通过网络传输到眼前。以前需要翻阅、计算数年才能得到的数字，现在通过电子文献检索和识别技术，几个小时甚至更短的时间就可以准确无误地呈现。对图书馆员而言，这句话的后半句也基本是确切的。新技术使读者可以不通过图书馆获取图书和知识，正在消解图书馆存在的理由。图书馆消亡论一度甚嚣尘上，至今还是高悬于从业者头上的达摩克利斯之剑。对图书馆而言，资源主宰者高高在上的地位已经逐渐失去，危机感无时不在，这种感觉确实很糟糕。

图书馆是不断发展的有机体。在危机感驱动下，图书馆界近几年流行一系列运动，如馆际互借、阅读推广、空间再造、数字人文，不断地主动开发新功能，展现新形象。图书馆员是人类知识的守护者，互联网技术不是馆员的敌人，更应该是其工具和武器，能够为工作增光添彩。馆员可以利用计算机技术改进服务,发现、追逐读者各种喜好与要求,制造新阅读体验和感受。有人提出将图书馆形态从物理馆转变为虚拟、泛在馆,其功能由"文化传承中心"转向"学习交流中心"和"知识加工中心",今后将要建设"智慧图书馆"。

实际上,文献资源建设是图书馆转型的根本,资源的建设和组织是图书馆工作的基础。目前,图书馆界的变化与文献资源建设工作有很大关系。电子资源的开发和利用,为这些变化提供基础。电子文献这种介质,大大节省纸本传输、加工、存储所需要的时间、空间和人力物力,为各种空间再造腾出余地,为阅读推广、数字人文、活动资源检索、重组和传输提供主题和线索。若没有电子资源的帮助,这些繁花似锦的活动都将失去可持续性。将来图书馆朝何种方向、如何转型,也与电子资源的建设进展相关。在这种环境下,文献资源建设工作不能置身事外,也需要根据历史发展进程做出服务与收藏方向的调整。

文献资源建设者需要擦亮眼睛,保持理性态度,既不能故步自封、冥顽守旧,又不能盲目跟风,导致进退失据,丧失本我。应当从保存历史记录的高度,将电子、纸本资源放在长远的历史背景下考量。眼光放长远一点,就不会一叶障目。同时,中国国情和电子图书所处环境有自己的特征,各图书馆也有自身的情况。我们一方面需要将图书馆学理论与实际工作紧密结合,做实证性研究;另一方面,需要把长远眼光和细致考察相结合,使自己判断更加准确,采购文献的针对性更强。

纸质图书成本低,便于阅读、书写、携带、保存,因而取代了丝绸、金石等介质。目前,研究界对电子图书与纸书的优缺点各有说法。约而言之,大抵认为二者各有千秋。电子图书的优势强在检索与获取,纸本优点在于可供细细阅读和保存。从目前数据上看,欧美电子书市场前几年增长势头强劲,但近几年放缓了速度。2015 年,美国电子书销售收入下滑 11.2%,并且这种颓势已由大众类图书,扩散到专业和高等教育类图书领域;法国电子书销售额增幅也逐渐放缓,电子书销售额为 1.64 亿欧元,比 2014 年仅增长 1.5%[3]。反倒是纸质图书市场有一定时间的增长,2016 年英国纸质图书销售增加了 4%[4]。学界一度热议的图书馆"无纸化""纸代电"之类的说法,现在也不流行了,而代之以纸电"并存""配合""一体"的说法。从长远的历史背景考量,电子书仍是新生事物,其优势现在还不足以完全压倒纸本。即使电子书真的取代纸本,一种介质淘汰另一种介质,也并不是像风卷残云一样,两者可能会有并存、此消彼长甚至反复的过程。纸质本会在相当长时间内存在,纸电并存的状态将是长期的。

纸电并存时代,图书馆的文献资源建设与传统图书采访变得有所不同,形势更为复杂。不但要考虑传统纸本的复本、借阅率、版次等问题,而且要考虑读者对电子文献的需求,尤其要考虑与电子文献的时滞相适应的纸质复本补充周期。由此出发,还要考虑未来电子文献普及趋同后,高校图书馆应该发展何种收藏以服务于本校特色学科的问题。当前的纸质书与电子书——尤其是中文电子书与纸质书的关系,正处于一个非常微妙的变动中,各种力量的博弈和较量,使不同出版社学科、功能类型中文电子书的发售策略和渠道呈现复杂的组合,这使中文纸本图书的采购也面临艰难的选择,需要对数据进行认真对比和总结。

从主要服务对象看,当前国内图书市场可以分为机构用户定位市场与个人定位市场,后者以亚马逊、京东、当当网为代表。亚马逊电子书以 Kindle 阅读器为载体,占有很大市场份额。最近又与中国移动咪咕公司联合推出亚马逊 Kindle X 咪咕电子书阅读器,将网络文学内容整合到 Kindle 电子书阅读器[5]。本书关注对象主要是高校的机构用户市场——特别是馆配市场。总体而言,国内高校电子资源的馆配市场基本上还处于初级阶段,渠道不够畅通,竞争不充分。由于进口渠道管制等原因,目前进入国内馆配市场的外文电子文献有限。国内高校图书馆一般以高校图书馆数字资源采购联盟(Digital Resource Acquisition Alliance of Chinese Academic Libraries, DRAA)为代表进行联合组团采购,以获得较好的折扣。DRAA 联采项目已经包括多数重要数据库,加上各种地方组团联采项目,实际上,单个图书馆在外文文献采购中能够发挥的余地不大。中文电子期刊方面,同方知网、万方、维普等数据库基本上能够覆盖主流期刊,纸本刊与电子刊的时滞也比较小,一般保持在半年以内。很多刊物已经实现电子版的提前发售。中国知网也有自己电子刊号。除非有收藏单位对纸本刊物的保存有特殊要求,从供应方面看,刊物的纸转电基本没有问题。目前,问题较大的在于电子图书的 PDA(读者需求驱动采访模式,Patron-Driven-Aquisition)方面。大部分中外文电子书都是以包库形式购买,目前已经出现单本发售平台,但与主流图书馆的业务需求不很匹配。相对而言,中文图书体量大,能够发挥采访人员主动性,但实际工作中还存在不少问题,特别是电子图书方面,尤其需要关注。在这种背景下,本书集中讨论的问题框架如下:

第一部分为第一至四章,讨论纸本图书相关问题。分别讨论中文图书中的核心出版社、重复保障问题,外文图书保障问题等。

迄今为止,纸质图书仍是文献建设工作的重要部分。这里有两层意思。其一是没有图书馆放弃纸质图书,即使是热衷于新技术的理工科大学馆如清华大学图书馆、上海交通大学图书馆,仍然保有相当数量的纸本业务。其二,相对于电子书传输与获取速度,纸本书的信息获取、物理加工程序耗费很大。中文纸本书价格便宜,出版量大,书目筛选、信息导入、处理以及到书后的核验需要耗费大量的人力。纸质期刊的订购与装订工作是集中处理的,耗时较短。但中文纸质图书的订购是连续不断的,需要持续用力,一年到头都有业务。文献资源建设的实际工作以中文纸质本为重点和核心。所以,本书前几章,仍以中文纸本书为研究对象,主要关注诸如图书出版、核心出版社评价等问题。除此之外,也关注图书的保障问题,主要是外文图书保障,也涉及院系资料室与校图书馆文献的重复现象。

随着出版事业的繁荣、中文图书市场的开放,中文图书供应链渠道和主体增多。多家公司竞争,提升了行业服务水平,也加强了这一行业的竞争。随着国家对图书馆行业投入的增加,对文献资源采访经费的科学使用和评价提上议事日程,各种相关制度先后出台。图书馆需要考虑如何在法律规定框架内使用文献建设经费,如何准确评估书商运作行为,选择合适的合作对象,并在合同中规避合作风险。本书第一部分对此也进行了探讨。

第二部分为第五、六章,探讨中文电子图书的馆配形势与对策。

2014年之前,图书馆只能以包库方式购置中文电子书。2015年来,不少馆配商开始进军中文电子书单本馆配市场,有供应商宣称要做纸电同步,实现中文电子书与纸质书的同步发售,但到底情况如何,需要考察。目前,较大的高校图书馆都没有以中文电子图书的PDA作为主要文献采购形式。其原因何在,发展形势如何,需要密切关注。

第三部分为第七至八章,探讨未来图书馆文献资源建设问题。

若电子书成为馆藏文献的主要部分,各馆文献的趋同性会越来越强,图书馆的文献资源建设将走向何方,采访馆员将致力于何种资源的采购?图书馆文献资源建设中,一般文献主体形式为电子,纸质采访的重点是否可以转为特色文献?本书第三部分对此进行了阐述,并提供一个特藏调查的实例。

文献资源建设所涉及的面非常广,除了介质问题外,还涉及图书、期刊、报纸等文献种类和出版社、中间商、图书馆、读者各个环节,每个方面都有一系列细节。限于篇幅和精力,笔者无法面面俱到,只能选择当前文献资源建设中几个比较受重视的问题进行探讨。本书内容总体按以上三个方面进行先后排列。

文献计量学有几个经典统计规律,如表现科技文献作者分布的洛特卡定律,表现文献中词频分布的齐普夫定律,确定某一学科论文在期刊中分布的布拉德福定律等。本书也使用布拉德福定律进行核心出版社的测定,借助各种数据对期刊引文、平台文献量进行统计并划分区域。同时,当前文献资源建设面临新形势,理论需要新的探索和突破,而这些需要立足于文献采选与应用的基础上。文献资源建设实践性很强,系统完整的理论探讨必须与实践相结合,才能更好地指导实践。本书大部分数据来源都是基于笔者所在图书馆的使用数据,对公式的运用,对各种可能出现的变化,都结合实际情况进行设计,采用实证性的思路。本书研究华东师范大学图书馆工作实践,希望对其他高校图书馆文献资源建设提供参考借鉴价值。

笔者水平有限,文中不当之处请各位专家批评指正。

参考文献

[1] 徐路.新技术支撑面向未来的图书馆变革——基于《新媒体联盟地平线报告:2017图书馆版》的分析与启示[J].图书情报知识,2017(5):40-48.

[2] 张洪元.数字环境下纸质资源建设策略[C]//2017年数字资源建设与知识服务学术研讨会论文集.长春:东北师范大学,2017.

[3] 范军,张晴.国际出版业发展报告(2015—2016年)[J].出版发行研究,2017(8):5-9.

[4] 于田.英国2016年图书购买量增加4%:巴诺集团2017年第三季度的销售总额为13亿美元,较上年同期下降了8.0%[N].国际出版周报,2017-03-27(001).

[5] 王东.Kindle X咪咕电子书阅读器正式开售[J].计算机与网络,2017(18):28.

1 核心出版社的探讨:以经济类为例

纸本文献中,数量最多的是中文图书。随着中国经济文化实力的不断增强,图书出版事业呈现繁荣的局面。根据《2016 年全国新闻出版业基本情况》显示,2016 年全国共出版书籍 410 438 种,其中初版234 873 种。华东师范大学图书馆每年选购中文图书品种在 5—6 万。需要从各个方面进行筛选,如图书的作者、选题、功能等,其中对出版社情况的测定,是比较有效的方法。采访人员按照华东师范大学图书馆服务对象、收藏重点等确定合适的出版社。核心出版社的测定有助于寻找高档次的出版社,选择高质量的馆藏。

对核心社的确定,要结合功能和学科分类。国内各个出版社出版方向、定位和重点不同,图书选题、组编水平、作者来源不一样,图书适应性不同。有些出版社专门出版文学类图书,如人民文学出版社、北京十月文艺出版社等;有些出版社专门出版经济类流行图书,如中信出版社;有些出版社专门出版研究性图书,如中国社会科学出版社。结合学科与功能方面特征,测定出版社的学科优势与功能质量,有利于分析出版社的产品特色。高质量的出版社出版的图书质量相对稳定,能够提供较好的馆藏。

从学科分类而言,经济类图书是中文书的重要类别。国家广播电视总局《全国新闻出版业基本情况》历年数据显示,2009—2014 年全国图书出版 2 306 492 种,其中 F(经济)类图书 174 464 种,占比7.56%,仅排在 G 类(文化、科学、教育、体育,37.12%)、T 类(工业,11.43%)、I 类(文学,9.68%)之后[1]。笔者 2016 年 7 月 21 日登录华东师范大学图书馆 Millennium 系统,统计华东师范大学图书馆入藏日期介于 2008 年 1 月 1 日至 2015 年 12 月 31 日的馆藏数据,共得到中文图书 360 046 种,其中 F 类 37 896 种,占总量的 10.53%,仅排在 I

类(17.42%)、K类(历史,15.70%)之后。采购这样比例的图书时,对其进行质量控制很有必要,必须对出版机构有所甄别,选择"核心"出版社(以下简称"核心社")的出版物。

当前在中文经济类图书核心社的测定方面已经有很好的研究成果可供借鉴,笔者在进行书目采选的时候都以此作为借鉴。但同时,笔者以为这些分析尚有可补足之处,所以在此略做论述,敬请各位同行指教。

1.1 研究现状

经济学是与现实联系很紧密的学科,不仅要理论推断,也需要现实与历史的例证。经济类文献的收集,需要广阔的历史视野。"学术"的本义指有系统、较专门的学问,含有教学、学习意义在里面。"学术性"适合作为一个统摄性的上位概念,其下层应该包括几个方面。笔者以为,经济类"学术性"文献概念外延应涵盖以下类别的图书:

(1)理论探索思路、过程与结果的文献;

(2)指导、支撑论证、设想的各类工具书和登载各种事实、数据、案例、规章制度方面的文献;

(3)培养学术人才的经典教材与优秀、流行的入门读物。

其中第一类被当作学术图书的核心,本章称之为"研究性"图书。第二、三类往往被列入"非学术性"图书,但学术研究也不能忽视它,本章称之为"非研究性"图书。当前学者集中于第一类图书的优秀出版机构的测定,对第二、三类图书的出版机构缺乏关注。有鉴于此,本章另行使用研究性、教学性、资料性、实用性、普及性几个下位概念,以便更全面、细致地描述经济类图书不同的适应性,更有效地体现经济类出版社的产品特色与优势,从而提高文献采选的针对性。

1.1.1 当前研究成绩

目前学界对研究性核心出版社的测定,以上海师范大学吴志荣、穆卫国等学者的论文为代表，而对经济类图书核心社的测定以蔡迎春的文章较为突出。蔡迎春利用 Google Scholar 对《全国总书目》经济学科 2002—2005 年图书的引用频率进行统计排序，获得有学术价值的"核心书目"。对"核心书目"文献按出版社排序，利用布拉德福区域分析法测定该学科出版社的核心区、相关区及外围区，得出 21 家经济类的核心出版社[2]；又利用标准 h 指数法分析出各核心社在 F 类下二级学科类目的出版优势和特色，以雷达图标明测算结果[3]。论文测算方法得当，探索深入，结论可靠，为采访者提供很好的借鉴。

1.1.2　存在问题及解决思路

以上测算剔除了某些经济学图书种类。如王铁梅、吴志荣的文章提出测定核心社时，"教材""工具书""法规""政策""条例"类图书不被作为调查样本[4]。蔡文《基于综合分析法的核心书目及核心出版社的测定》将三类图书划入测定对象，其中包括"各种类型的经济学辞典、年鉴、手册、指南、标准等工具"和"年度报告"等。但该文另列六种需要筛掉的图书，其中包括各种类型经济学教材、教学参考书、经济学基础知识和实务图书、操作技巧及操作性、实务性图书（包括管理、股票、基金、会计、审计等）。

实际上，高质量的教材和实务性、操作性图书也会被研究论文引用。教材类如保继刚、楚义芳的《旅游地理学》（高等教育出版社，1999年版）被引用两次，具体情况为：

（1）丁忆、冯学钢《基于差异化策略的国内旅游消费市场细分——兼谈学生市场》（《经济论坛》2010 年第 3 期，第 19—22 页）；

（2）万田户、黄和平《江西省入境旅游流时空演变研究》（《世界地理研究》2014 年第 3 期，第 128—139 页）。

又如，王晓军等《保险精算学》（中国人民大学出版社，1997 年版）被李亚敏《基于期权理论的养老保险定价研究》（《北京金融评论》2012 年第 3 期，第 38—47 页）引用。实务类的如金双秋《中国社会保险实务》（北京大学出版社，2008 年版），被高小琴《医疗保险基金投资运营分析》(《劳动保障世界[理论版]》2012 年第 11 期,第 14—16 页)引用;张伯生等《工伤与失业保险:政策与实务》(北京大学出版社,2008 年版),被李亚敏、王浩《工伤保险制度的国际经验与中国发展策略研究》[《保险、金融与经济周期——北大赛瑟(CCISSR)论坛文集·2010》,第 214—226 页]引用;杨立新《保险赔偿实务》(法律出版社,2000 年版),被马璐瑶、周延《中外车险理赔服务模式比较研究》(《科技创业月刊》2012 年第 11 期,第 47—48 页)引用。

　　笔者于 2016 年 2 月 25 日登录 CNKI 论文数据库,整理该库收录的华东师范大学经济学相关系所研究人员 2010—2015 年公开发表论文征引的经济学文献,统计得到经济类中文图书 740 种。对其进行功能分类,发现带有教材性质的图书 234 种(含影印版 62 种),占比 31.62%;实用性图书 47 种,占比 6.35%。两者加起来将近有四成的引用比例。上引蔡文认为"被引频率≥1 的图书具有一定学术参考价值,是'学术性著作'",注明"影印版"教材及其参考书可列入其中。实际上,本次统计出存在引用记录的非影印版教材有 172 种,占比 23.24%,说明高质量的教材,即使是非影印版,对学术研究的作用也是不容忽略的。

　　从图书使用的实际情况来看,被征引图书只是馆藏的一部分。本科教育、经济学知识普及往往是学术研究的基础和起点。华东师范大学图书馆 2008 年到 2015 年 F 类被借阅图书有 19 017 种,其中具备"教材""实务""普及流行"性质的图书种数和占比为 49.91%(详见下文表 1-4)。华东师大图书馆致力于"学术性"馆藏收集,也非常重视本科生教学材料和普及读物的质量。借阅记录是衡量馆藏质量的重要指标,应当尽量加以利用。若仅限于测定 740 种被征引图书而忽视了近两万种图书借阅情况(其中近一万册属于非研究性图书),无疑也是不利于馆藏评价的。

　　基于以上分析,笔者认为当前学界对出版社测定的范畴限于"理论研究"性图书,忽略某些类型,不利于学术研究与馆藏建设的进一步发展,需要对研究性之外教学性、资料性、实用性、普及性图书相关出版社的特色做进一步揭示,以更细致地描述不同文献的出版状况,去粗取精,实现馆藏结构的优化。

1.2　分析方法与过程

1.2.1　方法选择

本章采用加权百分比法进行测算。"研究性"图书可从 Google Scholar 和 CSSCI 获得征引数据,但非"研究性"图书不一定会有征引记录,所以征引文献统计结果只作为测算的部分依据。以此为基础,加上对华东师范大学图书馆借阅数据的分析,对出版社图书引文数量、次数和馆藏数量、借阅率做百分比统计。但引文数据和馆藏数据性质不一,权衡标准应该不一样,需要引入不同的权重系数。

1.2.2　对象的确定和获取

本章测定对象包括两部分:华东师范大学经济类学科论文征引数据和华东师范大学图书馆馆藏数据。

论文征引数据来自 CNKI 期刊论文数据库,登录后提取论文征引文献中的中文经济类图书。以"作者单位"为检索点,检索的名词应囊括相关机构全称和所有简称。二级单位名称使用关键词,分别为"金融""经济""商学""工商""公共管理"。将校名和各个单位名称组合后,进行检索,登录 CNKI 数据库时段为 2016 年 2 月 25 日。

馆藏数据来自 2016 年 7 月 21 日由华东师范大学图书馆 Millennium 系统输出的分类号开头为"F"的馆藏信息,其中包含题名、出版社、借阅次数、分类号、主要责任者等字段内容。

在需要的情况下,将以上两个来源的信息进行归并、去重,作为测算对象。

1.3 部分数据及其分析

1.3.1 征引与借阅总体数据中的出版社情况

对被征引文献中的 740 种经济类图书进行分析,得到 165 个出版社。其中前 30 家出版社所引图书种数占比 72.43%,详情见表 1-1。

表 1-1 征引图书中部分出版社图书比例表

序号	出版社	征引百分比	序号	出版社	征引百分比
1	商务印书馆	6.95%	16	中国旅游出版社	1.74%
2	中国人民大学出版社	6.84%	17	中国财政经济出版社	1.62%
3	人民出版社	4.87%	18	机械工业出版社	1.62%
4	经济科学出版社	4.52%	19	教育科学出版社	1.39%
5	上海人民出版社	3.71%	20	中国金融出版社	1.39%
6	上海三联出版社	3.59%	21	南开大学出版社	1.16%
7	清华大学出版社	3.48%	22	中国经济出版社	1.16%
8	北京大学出版社	3.48%	23	经济管理出版社	1.16%
9	社会科学文献出版社	3.24%	24	立信会计出版社	1.04%
10	华夏出版社	3.01%	25	华东师范大学出版社	1.04%
11	复旦大学出版社	2.32%	26	西南财经大学出版社	1.04%
12	科学出版社	2.32%	27	中国统计出版社	0.93%
13	上海财经大学出版社	2.20%	28	三联书店	0.93%
14	高等教育出版社	2.09%	29	中国社会科学出版社	0.93%
15	格致出版社	1.85%	30	浙江大学出版社	0.81%

但引文的图书量比较小,需要与馆藏数据归并来扩大样本量。对 2008—2015 年入藏经济类图书中有借阅记录的 19 017 种进行统计,

得出 546 个出版机构。统计这些出版社的两个指标——图书种数和年均借阅数量,计算它们各自的百分比,得出图书利用率的百分比系数。计算时采用以下公式:

$$C = \alpha Q + \beta V^{[5]}$$

其中 α 和 β 为指标权重,α = 45%,β = 55%。Q 代表出版比例,即时段内某出版社有借阅记录的 F 类图书种数占有借阅记录的同类馆藏总种数的百分比。V 代表利用率,即借阅率,表示出版社 F 类图书年借阅次数在同类图书年借阅总次数中所占百分比。C 代表加权后的综合指标。之所以采取年借阅量,是因为图书入藏时间不同,单纯借阅次数无法照顾入藏时间较短图书的利用情况,而年均借阅量能弥补这一缺陷。

经统计,2008—2015 年间的 19 017 种经济类图书年均被借阅46 834.39次。按照以上公式计算出 2294 个出版机构(非正规出版物的出版机构)的利用百分比,根据指标 C 值高低,将前 30 家的情况列入表 1 - 2。

表 1 - 2　借阅图书中部分出版社利用权重比例表

序号	出版社	被借图书种数	年均借阅总数	q(出版比例)	v(年借阅比例)	借阅权重比(C = αQ + βV)
1	中国人民大学出版社	2560	3642.34	3.18%	7.78%	5.71%
2	经济科学出版社	5386	1947.39	6.69%	4.16%	5.30%
3	中信出版社	1654	3010.77	2.06%	6.43%	4.46%
4	科学出版社	2732	1754.78	3.39%	3.75%	3.59%
5	社会科学文献出版社	3219	1318.85	4.00%	2.82%	3.35%
6	北京大学出版社	1849	1912.86	2.30%	4.08%	3.28%
7	中国社会科学出版社	2925	1233.83	3.63%	2.63%	3.08%
8	中国经济出版社	2622	1152.93	3.26%	2.46%	2.82%
9	清华大学出版社	1556	1630.75	1.93%	3.48%	2.79%

续表

序号	出版社	被借图书种数	年均借阅总数	q(出版比例)	v(年借阅比例)	借阅权重比(C = αQ + βV)
10	机械工业出版社	978	1579.23	1.22%	3.37%	2.40%
11	中国金融出版社	2033	995.76	2.53%	2.13%	2.31%
12	上海财经大学出版社	1494	1239.35	1.86%	2.65%	2.29%
13	经济管理出版社	1895	925.96	2.35%	1.98%	2.15%
14	上海人民出版社	1526	924.62	1.90%	1.97%	1.94%
15	复旦大学出版社	1050	987.18	1.30%	2.11%	1.75%
16	中国财政经济出版社	1830	600.56	2.27%	1.28%	1.73%
17	人民出版社	1764	627.66	2.19%	1.34%	1.72%
18	商务印书馆	1545	686.12	1.92%	1.46%	1.67%
19	格致出版社	737	977.04	0.92%	2.09%	1.56%
20	高等教育出版社	800	841.18	0.99%	1.80%	1.44%
21	浙江大学出版社	1123	608.35	1.40%	1.30%	1.34%
22	东方出版社	610	721.05	0.76%	1.54%	1.19%
23	人民邮电出版社	549	681.12	0.68%	1.45%	1.11%
24	华东师范大学出版社	690	608.14	0.86%	1.30%	1.10%
25	东北财经大学出版社	801	499.27	1.00%	1.07%	1.03%
26	电子工业出版社	525	575.33	0.65%	1.23%	0.97%
27	中国发展出版社	569	358.92	0.71%	0.77%	0.74%
28	南开大学出版社	569	330.76	0.71%	0.71%	0.71%
29	知识产权出版社	687	251.28	0.85%	0.54%	0.68%
30	武汉大学出版社	514	326.18	0.64%	0.70%	0.67%

再次采用 $C = \alpha Q + \beta V$($\alpha = 45\%$,$\beta = 55\%$)的公式计算出版社图书借阅与引用的综合得分。V 代表征引百分比,其分值来自征引图书中出版社各自图书所占百分比(部分情况已列入表 1-1"征引百分

比"数据列)。Q 代表馆藏借阅权重比,其分值来自表 1-2 的 C 值。C 代表经加权后的综合指标。统计发现,征引数据和借阅数据合并以后,出版机构数量增加到 2459 个,其中有 364 个社总指标占比在前 98%。根据布拉德福区域分析定律,将总文献的出版社分为三个区,使这三区出版社数量成下列关系:

$$n_1 : n_2 : n_3 = 1 : a : a^2$$

取 $\alpha = 3$,则三个区出版机构数量分别为 30、90、244。第一区的出版社权重总比分 69.03%,可称为优势出版社。其详细情况见表 1-3。

表 1-3　征引与借阅总体数据中的部分出版社综合比例表

序号	出版社	借阅权重比分(Q)	征引百分比(V)	综合比(C = αQ + βV)
1	中国人民大学出版社	5.71%	6.84%	6.33%
2	经济科学出版社	5.30%	4.52%	4.87%
3	商务印书馆	1.67%	6.95%	4.58%
4	人民出版社	1.72%	4.87%	3.45%
5	北京大学出版社	3.28%	3.48%	3.39%
6	社会科学文献出版社	3.35%	3.24%	3.29%
7	清华大学出版社	2.79%	3.48%	3.17%
8	上海人民出版社	1.94%	3.71%	2.91%
9	科学出版社	3.59%	2.32%	2.89%
10	上海三联出版社	0.60%	3.59%	2.25%
11	上海财经大学出版社	2.29%	2.20%	2.24%
12	复旦大学出版社	1.75%	2.32%	2.06%
13	中信出版社	4.46%	0.00%	2.01%
14	机械工业出版社	2.40%	1.62%	1.97%
15	中国经济出版社	2.82%	1.16%	1.91%
16	中国社会科学出版社	3.08%	0.93%	1.90%

续表

序号	出版社	借阅权重比分(Q)	征引百分比(V)	综合比(C = αQ + βV)
17	华夏出版社	0.41%	3.01%	1.84%
18	中国金融出版社	2.31%	1.39%	1.80%
19	高等教育出版社	1.44%	2.09%	1.79%
20	格致出版社	1.56%	1.85%	1.72%
21	中国财政经济出版社	1.73%	1.62%	1.67%
22	经济管理出版社	2.15%	1.16%	1.60%
23	中国旅游出版社	0.43%	1.74%	1.15%
24	华东师范大学出版社	1.10%	1.04%	1.07%
25	浙江大学出版社	1.34%	0.81%	1.05%
26	南开大学出版社	0.71%	1.16%	0.96%
27	西南财经大学出版社	0.65%	1.04%	0.86%
28	东北财经大学出版社	1.03%	0.70%	0.85%
29	教育科学出版社	0.16%	1.39%	0.84%
30	立信会计出版社	0.48%	1.04%	0.79%

蔡迎春的文章测定 21 家出版社为经济类"核心"出版社,本章测算结果与之大致类似。表 1 - 3 前 21 家出版社中,有 16 家(经济科学、中国人民大学、中国财政经济、清华大学、社会科学文献、机械工业、中国经济、北京大学、中信、中国金融、商务印书馆、中国社会科学、人民、复旦大学、上海人民)与蔡文相同。这表明,本校引文、馆藏结合数据所得出版社排位,与用 Google Scholar 引文数据分析所得出的研究性图书核心出版社结果有一定的契合度。鉴于上述数据绝大部分来自馆藏借阅数据,可以认为,对华东师范大学图书馆借阅数据的分析结果基本上能用于甄别经济类图书质量。下文非研究性图书缺少征引信息,无法使用 Google scholar 和引文分析获得测定依据,可用馆藏数据代替。

1.3.2 非研究性图书出版社特色测定

1.3.2.1 功能分类

按照图书所对应的读者类型,结合题名关键词与编目数据中的内容简介、丛编等字段信息,对合并、去重后 F 类的 19 609 种图书功能属性进行整理,归纳出如下类型:

(1)研究型,适用于各种理论探索的图书。题名关键词有研究、文集、论文选、论文集、评价、探索、评析、案例等。

(2)教学型,包括两类:

a. 教材教程,题名关键词的呈现形式为教材、教程、××学、××概要、××概论、××基础等。

b. 教辅材料,题名关键词有课程辅导、考试、竞赛、习题、辅导、练习、试题、模拟、全真等。统计中,这一类图书比重很小(0.82%),年借阅比也只有 1.61%,不与教材合计。

(3)普及型,包括流行性热门、入门经济读物,题名关键词有为什么、揭秘、解密、解读、讲解、话说等。

(4)实用型,包括介绍经济、经营活动操作程序、政策方针、会计、统计类软件运用、演示和工具性图书等。题名关键词有图、表、册、工具、案例、策略、应用、对策、实务、指南、软件应用、管理、辞典(词典)、手册、文件、实训、实用、方案、索引等。

(5)资料型,主要是经济方面的基本数据、规制和事实。分四类:

a. 数据:题名关键词有年鉴、皮书、统计、年度报告、表、统计、摘要、指数等。

b. 规制:题名关键词有规章、规划、公约、标准、计划、方案、纲要等。

c. 事件:题名关键词的呈现形式为名录、纪实、××年往事、调查、史料集、回忆录、考察、报告、记事、大事记等。

d. 综合型:题名关键词有档案、文件选编、图录、辑录、资料、史料、全编、汇编、公报、文件、图鉴、函件、会要、大典、汇典、案例等。

需要指出的是,以上几种功能性质并不互斥,可以兼具。对图书价值的认识角度和使用方法不同,图书的功能也就不同。案例型图书可为读者提供参考,带有操作性;另一方面,它记录的是完整真实的事件,有资料性。从中得出规律,上升到理论层面,就有研究性了。"规章""标准"类图书,可使人循其约定操作,有实用性。经济史研究者能够从中分析时代经济特征,可划入"资料型"。一书兼多种功能,统计时各属性图书数量占图书总数的比例之合会大于100%,但这并不妨碍单种功能图书各个出版社占比的统计。

同时,中国现当代经济学思想和研究方法多来自国外。对国外经济学图书的出版情况,是权衡出版质量的重要标准。它在教材和热门图书中比重较大,"教学"和"普及"两类已经涵盖,但为重视这类图书,在其中专设一类。

对引用与借阅图书进行功能分类,统计各种功能属性的图书所占百分比,其总体情况如表1-4。

表1-4 经济类图书功能分类比例表

序号	文献类型	图书种数	年均借阅次数	种数百分比	借阅百分比
1	资料	937	1597.52	4.78%	3.16%
2	研究	11 455	17 129.18	58.42%	33.83%
3	教材	3774	9635.83	19.25%	19.03%
4	实务	2103	4501.43	10.72%	8.89%
5	普及流行	3911	8561.07	19.94%	16.91%
6	引进	3061	8388.09	15.61%	16.57%

文献的分级是多方面、多层次的。从文献与客观事实的距离与被加工情况,可分为原始性、研究性、一般性三级。从收藏目标出发,可分成珍藏性、研究性、教学性、拓展性四级[6]。级别越高,文献越需要保存。表1-4第1类属原始性、珍藏性文献,级别最高,第2类仅次于最高级,这两类要根据学科需要全部收集。第3类属教学性,第4、5

类属拓展性。第 3、4、5 类图书种数合比为 49.91%，年借阅合比 44.83%，也有较大使用需要，但质量良莠不齐，特别需要根据出版社 特色进行筛选。

1.3.2.2 文献功能类型数据

限于篇幅，本章不拟详列每种功能图书的测定过程，仅以教材类 为例做一示例。

采用 $C = \alpha Q + \beta V$ 的公式，$\alpha = 45\%$，$\beta = 55\%$。Q 代表合并数据 的图书种数权重值，V 代表借阅权重值。因非研究性图书有些没有征 引数据，为统一标准，此处采用华东师范大学图书馆馆藏借阅数据。C 代表经加权后的百分比，再乘以 100 扩大，以利于比较。统计发现，2008—2015 年间入藏的图书中，有 413 个出版机构的 5171 种经济类 教材共被借阅 9635.82 次。各机构书种和年借阅情况有较大差别。将其情况按表 1-2 出版社的顺序排列成表 1-5。

表 1-5　教材类图书部分出版社权重总分表

序号	出版社	图书种数	年均借阅次数	种数权重比	借阅权重比	总权重得分
1	中国人民大学出版社	478	1387.18	9.24%	14.40%	12.1
2	经济科学出版社	173	251.4	3.35%	2.61%	2.9
3	中信出版社	56	229.09	1.08%	2.38%	1.8
4	科学出版社	245	513.1	4.74%	5.32%	5.1
5	社会科学文献出版社	57	70.08	1.10%	0.73%	0.9
6	北京大学出版社	292	616.12	5.65%	6.39%	6.1
7	中国社会科学出版社	64	94.82	1.24%	0.98%	1.1
8	中国经济出版社	51	60.57	0.99%	0.63%	0.8
9	清华大学出版社	318	708.28	6.15%	7.35%	6.8
10	机械工业出版社	97	362.48	1.88%	3.76%	2.9

续表

序号	出版社	图书种数	年均借阅次数	种数权重比	借阅权重比	总权重得分
11	中国金融出版社	87	193.05	1.68%	2.00%	1.9
12	上海财经大学出版社	169	346.18	3.27%	3.59%	3.4
13	经济管理出版社	100	174.96	1.93%	1.82%	1.9
14	上海人民出版社	100	154.9	1.93%	1.61%	1.8
15	复旦大学出版社	167	332.23	3.23%	3.45%	3.3
16	中国财政经济出版社	65	85.96	1.26%	0.89%	1.1
17	人民出版社	36	40.76	0.70%	0.42%	0.5
18	商务印书馆	132	65.4	2.55%	0.68%	1.5
19	格致出版社	101	352.61	1.95%	3.66%	2.9
20	高等教育出版社	264	479.66	5.11%	4.98%	5
21	浙江大学出版社	49	66.66	0.95%	0.69%	0.8
22	东方出版社	6	9.53	0.12%	0.10%	0.1
23	人民邮电出版社	57	128.92	1.10%	1.34%	1.2
24	华东师范大学出版社	96	194.42	1.86%	2.02%	1.9
25	东北财经大学出版社	104	165.17	2.01%	1.71%	1.8
26	电子工业出版社	30	37.53	0.58%	0.39%	0.5
27	中国发展出版社	20	48.65	0.39%	0.50%	0.5
28	南开大学出版社	84	98.57	1.62%	1.02%	1.3
29	知识产权出版社	11	4.39	0.21%	0.05%	0.1
30	武汉大学出版社	61	119.28	1.18%	1.24%	1.2

将其中部分出版社的权重得分制成雷达图,见图 1 - 1。

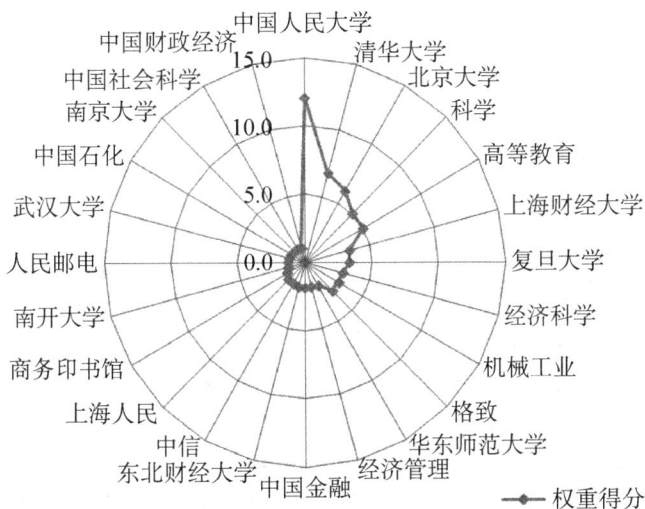

图 1-1　教材类图书部分出版社权重分雷达示意图

兹从功能属性出发,按同样方法,根据种数与借阅次数两项指标将各社权重分值按表 1-6 顺序列下。(注:研究性图书情况不列。数字后加"*"的表示出版社权重分值在各列数据排入前 6 位。)

表 1-6　各类功能图书部分出版社权重分表

序号	出版社	资料	教材	普及流行	实务	引进
1	中国人民大学出版社	0.7	12.1 *	5.6 *	4.9 *	15.2 *
2	经济科学出版社	2.5 *	2.9	1.5	4 *	0.8
3	中信出版社	1.7	1.8	10.4 *	2.3	11.8 *
4	科学出版社	3 *	5.1 *	1.4	4.8 *	0.5
5	社会科学文献出版社	11.2 *	0.9	1.7	1.3	1.4
6	北京大学出版社	0.9	6.1 *	2.9 *	5 *	3.4 *
7	中国社会科学出版社	1.1	1.1	1.4	2.3	1.5
8	中国经济出版社	3.8 *	0.8	2.5 *	2.2	0.4

续表

序号	出版社	资料	教材	普及流行	实务	引进
9	清华大学出版社	0.4	6.8*	2.2	5.8*	2.8
10	机械工业出版社	0.8	2.9	5.1*	2.9	8.6*
11	中国金融出版社	2.5*	1.9	1.1	2.5	1.3
12	上海财经大学出版社	1.2	3.4*	1.6	2.4	2.6
13	经济管理出版社	2.8*	1.9	1.3	3.2*	1.3
14	上海人民出版社	1.8	1.8	1.4	1.3	2.5
15	复旦大学出版社	0.5	3.3	1.3	3	0.5
16	中国财政经济出版社	1.7	1.1	1.2	1.3	0.5
17	人民出版社	2	0.5	1.3	1.2	0.5
18	商务印书馆	0.3	1.5	2.1	1	5.2*
19	格致出版社	1.6	2.9	0.7	1.6	3.5*
20	高等教育出版社	0.6	5*	0.8	2.2	0.3
21	浙江大学出版社	0.8	0.8	1.5	1.1	0.6
22	东方出版社	0.2	0.1	3.5*	1.2	2.1
23	人民邮电出版社	0.6	1.2	1.3	1.7	2.3
24	华东师范大学出版社	0.2	1.9	0.7	1.4	0.2
25	东北财经大学出版社	0.1	1.8	0.6	1.2	1.6
26	电子工业出版社	1.3	0.5	1.9	2.5	1.2
27	中国发展出版社	0.8	0.5	0.9	1	0.2
28	南开大学出版社	0.2	1.3	0.4	0.8	0.4
29	知识产权出版社	0.4	0.1	0.3	0.6	0.3
30	武汉大学出版社	0.2	1.2	0.4	0.6	0.1

　　以此为基础,将经济类非研究性图书功能特色较为突出的部分出版社列举如下,见表1-7(说明:表中"序号"列数字,同表1-6)。

表1-7　经济类非研究性图书部分出版社特色标示表

序号	出版社	资料	教材	流行普及	实务	引进
1	中国人民大学出版社		1	2	3	1
2	经济科学出版社	5			5	
3	中信出版社			1		2
4	科学出版社	3	4		4	
5	社会科学文献出版社	1				
6	北京大学出版社		3	5	2	
7	中国社会科学出版社					
8	中国经济出版社	2				
9	清华大学出版社		2	1		
10	机械工业出版社			3		3
11	中国金融出版社	5				
13	经济管理出版社	4				
18	商务印书馆					4
19	格致出版社					5
20	高等教育出版社		5			
22	东方出版社			4		

　　表1-7中各列数字表示各种功能属性下出版社分数进入前五名的排序，以见经济类非研究性图书的出版状况。例如中国人民大学出版社引进图书、教材排位最靠前，热门读物仅次于中信出版社，案例、入门、实务类图书较好。清华大学出版社实务、普及类图书最好，教材类仅次于中国人民大学出版社，社会科学文献出版社的各种报告、皮书等基本资料最多，而中信出版集团则在引进、热门类经济读物方面具有很强的优势。

　　表1-7所列16个出版社全部位列联合数据优势出版社的第一区，其中12个出版社也属于蔡迎春所论文中研究性图书的"核心出版

社"。可以看出,经济类研究性图书的核心社与非研究性图书优势出版社之间存在较大交集,研究性图书质量高的出版社可能在其他类型图书出版上也具有某些优势,或者其出版物从几个功能角度看都具有高品质。采购非研究性图书时,注意研究性图书核心社的出版物会收到事半功倍的效果,但还是要注意一些综合排名不够靠前但较有特色的出版社。

学术馆藏书建设不能忽略非研究性经济类图书。本章从学校经济类论文征引的中文图书数据和馆藏借阅数据出发,对出版社不同功能经济类图书的种数和使用情况进行统计分析,作为经济类图书出版核心社情况的补充描述,希望能为采访人员提供参考和借鉴。

参考文献

[1] 国家广播电视总局. 新闻出版产业分析报告(2010/2011/2012/2013/2014 年度)[EB/OL]. [2018 – 07 – 06]. http://www. sapprft. gov. cn/sapprft/govpub-lic/6676. shtml.

[2] 蔡迎春. 基于综合分析法的核心书目及核心出版社的测定[J]. 图书馆杂志,2009(1):4 – 9.

[3] 蔡迎春. 基于"类目细分"的核心出版社 h 指数雷达图实证研究——以国内经济类核心出版社为例[J]. 图书情报工作,2011(11):70 – 75.

[4] 王铁梅,吴志荣. 学术图书核心出版社测定方法比较研究——以法律类图书出版社为例[J]. 图书馆杂志,2013(6):30 – 34.

[5] 万彤,周蓉,陈欣等. 学科核心出版社的确定方法研究——以西南交通大学交通运输专业为例[J]. 四川图书馆学报,2011(3):46 – 49.

[6] 段双喜,山顺明. 特色馆藏建设与图书采访方法刍议——以华东师大图书馆为例[J]. 国家图书馆学刊,2009(2):75 – 78.

2 图书保障:基于华东师范大学院系资料室与校图书馆的数据调查

　　高校图书馆的文献资源保障工作是多学科、多层次、多方面的保障体系,它由学校图书馆、各院系、所图书馆(资料室、资料中心)组成。华东师范大学目前实行的是校图书馆指导下的校馆和院系馆、资料室的联合保障模式。相比校图书馆,院系资料室应该更加贴近师生,对读者需求的反应更加快速。在校图书馆之外,各院系基本上都有自己的资料室,形成"校图书馆—资料室"的保障模式。院系资料室在行政管理、经费筹措上与学校图书馆是分开的,在文献资源建设上也各行其是。校图书馆可以在业务上对资料室进行指导,但双方是平等和协调的关系,校馆对院系文献采选没有决定权。院系资料室独立于校图书馆的文献资源建设计划之外,仅部分书目信息进入图书馆管理系统。这一模式运行情况如何,今后如何发展,需要展开探讨。

　　联合保障最重要的问题是文献保障,这个问题可以分为两点:一是在于文献是否满足读者需要,二是文献是否重复。两者都需要归结到书目的比对上。华东师范大学的专业以文科见长,图书经费的重点在文科。因此,对传统文科图书保障率的统计能评估华东师范大学图书馆文献资源建设的得失,为图书采选工作提供借鉴和支持。

2.1　统计对象、方法和过程

2.1.1　对象的确定与获取

　　本次统计以华东师范大学人文学院三系一所(中文、历史、哲学、古籍所)研究人员在2011—2014年公开发表的所有论文为对象。统计以清华同方公司 CNKI 数据库中的期刊和部分会议论文为基础,不包括学位论文。

登录华东师范大学图书馆数据库进行检索。以"作者"为检索点,以系名为"单位"名称检索信息,检索词必须包括单位全称和所有可能的简称,简称要考虑使用者的习惯。具体而言,校名使用"华东师范大学""华东师大"两个信息点检索,二级单位名称也一般至少有两个点,分别是"中国语言文学系""中文系""汉语言文学系""历史系""历史学系""哲学系""古籍整理研究所""古籍研究所""古籍所"。其他研究中心和研究院作者的关系在实体系所,不另做检索点。将校名和各个单位名称组合后,进行检索,登录时段为 2015 年 2 月 25 日至 27 日。

2.1.2 实施思路和过程

从数据库中检索、下载论文的 PDF 文档,请相关人士编制程序,对文档进行批处理,提取出征引文献,按字段整理成 Excel 表单,再将表单数据与馆藏文献信息进行匹配分析。

在程序编制方面,要求能够提取论文"题名""第一作者单位""第一作者姓名""关键词""引用文献""中图分类号"字段。现在人文类期刊的引文主要有两种体例:一是社科院期刊的自由化模式,以页下注、脚注的方式进行说明;一是学报模式,以国际通行标准要求引文字段标准化、格式化,便于信息检索。后种模式比较统一,提取起来比较易行,也比较准确。前种模式提取的难度很大。其个性化强,除正文外,论文各部分位置的排列、字段信息的标准都可能不同。对差异要有预判并提出解决办法。编制程序时,要求考虑并解决的主要问题有:

(1)引文在不同期刊中的字段名,除去列于正文后的"尾注"部分外,还有列于页下的"脚注"部分。

(2)两种注释都可能存在单列出现和分栏出现的形式。

(3)"尾注"的名称不一,除"参考文献",还有"引用书目""cited works""引用作品""注释""参考书目""注解(notes)""notes""注释"

"注""参引文献"等。

(4)尾注出现的形式,即上述第三条中各种名称的排列与附加符号问题。主要包括:

a. 文字中间是否有空格、每个字之间空几格。

b. 文字外面是否有括号,括号是何种形式,有圆括号如"(notes)"、方括号如"[Works Cited]"、方头括号如"【Notes】",还有西文的括号形式如"()"。

c. 文字下面是否有横线,横线是常规格式还是加粗格式。

d. 各条尾注排列是否用序号,序号是罗马数字还是阿拉伯数字,序号外是否用括号或圈号,括号是方还是圆,中文还是西文形式。

e. 序号与各个字段信息之间是以点、逗号还是顿号隔开,采取中文格式还是西文格式。

预估和设计考虑以上问题后,大部分引文字段都能够提取。但分栏出现的参考文献与脚注信息难以提取,需手动提取。

2.1.3 数据的归类与匹配

对提取的数据进行核对、整理,将每篇论文 PDF 文档的脚注和尾注与 Excel 表单内容比较,据原档修正。然后将所有脚注与尾注归并到一个总表中。

批量导出的 Excel 表单中的"引用文献"只有一栏,其中包括"题名""主要责任者""出版时间""出版社""文献类型""文献种类"等多项信息。必须将其中信息进行分离,再与馆藏信息进行比较,对信息的匹配情况进行统计。这项工作涉及以下几个问题:

2.1.3.1 匹配的对象

本章的"图书"概念大致包括以纸质图书形式出版、在华东师范大学图书馆以"图书经费"形式购得或以"图书"形式处理的各种文献。其外延不仅包括传统意义上的专著([M]),还包括会议论文集([C])、部分连续出版物和各种机构的内部文件。国内学界召开会议时,论文有些会结集出版。有些机构会有连续出版物,如南京大学元史研究室、民族与边疆研究中心主办、上海古籍出版社刊行的《元史及民族与边疆研究集刊》,从 2006 年到现在,出版周期比较固定。这些出版物实际上是论文集,但以书的形式流通,在馆藏记录中有出版状况可循,以"图书"而非"期刊"经费买进,可归入"图书"类。有些民国期刊报纸,现在影印出版,也可作图书处理,如《万国公报》[1]《青鹤》[2]《良友画报》[3];有些机关单位档案、政府公文,现在整理刊布,如《工部局董事会会议录》[4]《民国时期高等教育史料汇编》[5]。同时,国内出版社出版的外文书,如果是影印原文,不纳入中文图书范畴,但若编、译本在国内出版,则可算中文图书。这样可更切合采购工作的实际。

2.1.3.2 匹配要求

征引文献与馆藏文献的题名、主要责任者、出版社、出版时间信息一致,就算是能够匹配。实际上,由于图书出版的情况比较复杂,各个字段信息形式有差别,应考虑另外一些情况,以免核对时出现错误。这主要包括以下几点:

(1)题名。主题名、副题名都存在,尽量考察双方是否一致。华东师范大学图书馆系统中的详编数据一般能反映完整的题名,若无法确定是否匹配,应进一步检索。丛编题名一般不能作为主题名出现,若论文将其作为征引文献,查考时要谨慎,不可作为单条数据处理,其所涉及的所有图书都要查考,或者弄清楚是引用其中哪本书再核对。

(2)主要责任者。引文作者与馆藏文献信息作者不一致时,应考虑主要责任者是否是集体作者、大套丛书主编者,是否是多名作者中的第一作者,是否是翻译者,或者是图书序、跋、前言、后记的作者。因为这些情况与主要责任者的关系容易搞混。

(3)出版社。有些出版社出现社址迁移、归并或改制,地点产生变化,如中华书局、商务印书馆、三联书店,这种情况若出现,出版社前冠以城市名(如北京、上海),以示区别。

（4）出版时间。出版时间与版本之间存在复杂的情况,某些古籍和经典译著隔一段时间出版一次,版权页标明是某年第一版,其实可能是另年的重印本,如中华书局的一些古籍整理本、商务印书馆"汉译世界学术名著丛书"。有些研究性著作因为材料的补充和观点的修正,经常会改版。这些数据在馆藏系统的编目数据中都有显示,必要时要参照。

（5）版本。综合以上四个要素进行考量,以下情况需要注意:古籍流传中产生不同版本体系,其间存在内容差异,无法相互印证,只能大致参考,不能算是同一版本。若是影印同一版本,出版者的编辑意图不同,书中的导言、序、跋、后记等可能不一样,主体内容虽然一样,但仍不能算是完全匹配。同一外文著作的译著,若属译者相同的重印本,可视为完全匹配。字典、词典、教程、百科全书等参考工具书,几个字的改变,往往标志着内涵的很大改变,对参考者意义可能绝不相同。即使主要责任者、出版机构相同,出版时距不长,也不能算是匹配。电子图书中的扫描本,版本与原书一样,可以看作是与纸质本版权页信息相同的完全匹配。

2.1.4 匹配结果的处理

除少数特藏外,采访人员不可能搜全所有图书版本,很多版本间正文内容一样,若不涉及序、跋、前言、后记、丛编等附加部分,一般可以相互替代,属于近似版本。引文版本与馆藏版本之间孰优孰劣很难一语判别。不可因为出版社、出版年代稍有不同而认定馆藏没有支持科研,完全抹杀采访人员的劳动。所以本章使用"完全保障""近似保障"两级概念,来处理匹配结果。

若征引文献四项信息与馆藏书目情况完全相符,就是版本完全相同,电子扫描版亦同此类。若主题名、撰著(编)人相同,而出版信息不同,只能算作"近似保障",情况也包括纸质(含影印)和电子本。"完全保障""近似保障"两种保障率相加,可以算是"总体保障率"。

计算时,若馆藏中并存几种不同级别的保障情况,无论资源种类与次数,只按照高级别的算一次。若共存"完全保障"级别的纸本与电子书数据,也只算一次"完全保障"。馆藏地的排列顺序是校图书馆、电子图书、思勉图书馆(属于人文学院)、其他院系图书馆。若某书在校内几个馆藏地都有馆藏,也只统计排在前面的图书馆一次。

2.2 保障数据

2.2.1 总体情况

此次共收集到人文学院 739 名作者发表的论文 2131 篇,具体情况见表 2 - 1。共获取不重复的征引文献条 42 106 条,具体情况见表 2 - 2。

表 2 - 1 各单位论文与作者数量表

第一作者单位	古籍所	历史系	哲学系	中文系	共计
作者人数	52	221	163	303	739
论文篇数	129	578	522	902	2131

表 2 - 2 各单位征引文献数量

第一作者单位	古籍所	历史系	哲学系	中文系	共计
论文篇数	129	578	522	902	2131
征引条数	2454	18532	8003	13117	42106
篇均征引条数	19. 02	32. 06	15. 33	14. 54	19. 76

这些文献中各种类型所占比例,见图 2 - 1。在征引数据中,中文图书共 24 817 条,占征引文献量的 58. 94%,是被引最多的文献种类。

2.2.2 图书的保障情况

对被引用的 24 817 条中文图书数据进行整理归并,得到 12 847 种不重复的图书信息。将这些图书信息与馆藏系统信息进行核对,将校图书馆与思勉图书馆各自的保障情况列如下表 2 - 3。

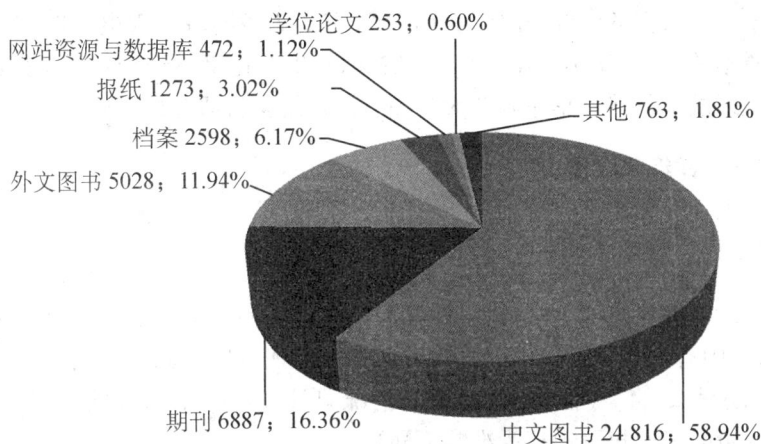

注:"其他"类包括:报告、会议论文、艺术展品与文物、访谈记录、电影、电视剧、戏剧、内部资料、未刊稿、信札、光盘、地图、文物、自印本、手稿、手抄件、演讲稿、复印件、手刻油印本、调查资料、族谱、手校本。

图 2 - 1　各类文献条数与比例图

表 2 - 3　图书保障大体情况表

	校图书馆纸本	思勉图书馆纸本	其他院独有的纸本
完全保障(条)	8647	4259	45
完全保障率	67.30%	33.15%	0.35%
近似保障(条)	1159	1153	
近似保障率	9.02%	8.97%	
总体保障率	82.21%	42.12%	

通过表 2 - 3 可以看出,校图书馆对传统文科的文献保障率远远高于院系馆室,仍然是文献保障的最主要力量,但院系文献也是校馆的有益补充。进一步统计发现,学校图书馆、思勉图书馆和其他院系资料室三者联合,能够提供 10 663 条与征引书目大体匹配的种类,总体保障率为 82.99%。其他院系图书馆可单独提供 0.35% 的文献资料。在学校图书馆完全匹配的 8647 条图书信息中,只有 74 条为单独

电子图书数据的匹配,比例为 0.87%;有 347 条同时实现电子图书与纸质本的匹配,比例为 4.01%。二者加起来的比例不到 5%。这表明传统纸质本仍然是华东师范大学图书馆传统文科研究的主要支撑。

2.2.3 详细保障情况

2.2.3.1 所涉及的出版社

对能够保障的 10 663 条图书书目进行分型,得到 1202 个出版机构,其中有 520 个近代出版机构出现 2 次。现将比例靠前出版机构情况列入表 2－4。(注:合作出版的情况只计入第一个出版社,出版社有变更的以版权页记载为准。下同)

表 2－4 部分出版社提供的图书数量一览表

序号	书目种数	出版机构	百分比	序号	书目种数	出版机构	百分比
1	1209	中华书局	11.34%	14	118	社会科学文献出版社	1.11%
2	959	上海古籍出版社	8.99%	15	117	广西师范大学出版社	1.10%
3	594	商务印书馆	5.57%	16	105	复旦大学出版社	0.98%
4	355	三联书店	3.33%	17	96	齐鲁书社	0.90%
5	345	上海人民出版社	3.24%	18	96	上海译文出版社	0.90%
6	341	人民出版社	3.20%	19	96	台北"商务印书馆"	0.90%
7	307	北京大学出版社	2.88%	20	94	岳麓书社	0.88%
8	289	人民文学出版社	2.71%	21	80	文物出版社	0.75%
9	274	中国社会科学出版社	2.57%	22	79	上海文艺出版社	0.74%
10	173	华东师范大学出版社	1.62%	23	74	河北教育出版社	0.69%
11	150	上海书店	1.41%	24	70	上海三联书店	0.66%
12	143	江苏人民出版社	1.34%	25	69	上海商务印书馆	0.65%
13	140	中国人民大学出版社	1.31%	26	67	东方出版社	0.63%

续表

序号	书目种数	出版机构	百分比	序号	书目种数	出版机构	百分比
27	66	江苏古籍出版社	0.62%	49	38	重庆出版社	0.36%
28	65	译林出版社	0.61%	50	37	湖南人民出版社	0.35%
29	64	巴蜀书社	0.60%	51	37	天津人民出版社	0.35%
30	63	华夏出版社	0.59%	52	37	浙江人民出版社	0.35%
31	63	辽宁教育出版社	0.59%	53	36	台北成文出版社	0.34%
32	63	上海辞书出版社	0.59%	54	36	联经出版事业公司	0.34%
33	60	黄山书社	0.56%	55	36	台北学生书局	0.34%
34	59	上海社会科学院出版社	0.55%	56	35	中国戏剧出版社	0.33%
35	56	中央编译出版社	0.53%	57	34	浙江古籍出版社	0.32%
36	54	上海教育出版社	0.51%	58	33	北京师范大学出版社	0.31%
37	53	学林出版社	0.50%	59	33	四川人民出版社	0.31%
38	52	南京大学出版社	0.49%	60	33	浙江大学出版社	0.31%
39	51	世界知识出版社	0.48%	61	32	台北新文丰出版公司	0.30%
40	48	北京出版社	0.45%	62	32	中州古籍出版社	0.30%
41	47	作家出版社	0.44%	63	31	湖北人民出版社	0.29%
42	44	科学出版社	0.41%	64	30	中国书店	0.28%
43	43	安徽教育出版社	0.40%	65	29	百花文艺出版社	0.27%
44	43	北京图书馆出版社	0.40%	66	29	台北文海出版社	0.27%
45	43	武汉大学出版社	0.40%	67	29	新华出版社	0.27%
46	40	高等教育出版社	0.38%	68	28	凤凰出版社	0.26%
47	39	新星出版社	0.37%	69	28	福建人民出版社	0.26%
48	38	中央文献出版社	0.36%	70	28	吉林人民出版社	0.26%

续表

序号	书目种数	出版机构	百分比	序号	书目种数	出版机构	百分比
71	28	江苏教育出版社	0.26%	86	23	江苏文艺出版社	0.22%
72	27	海南出版社	0.25%	87	23	山东教育出版社	0.22%
73	27	"中研院史语所"	0.25%	88	23	文化艺术出版社	0.22%
74	27	线装书局	0.25%	89	23	学苑出版社	0.22%
75	26	花城出版社	0.24%	90	22	法律出版社	0.21%
76	26	书目文献出版社	0.24%	91	22	黑龙江人民出版社	0.21%
77	25	人民教育出版社	0.23%	92	22	清华大学出版社	0.21%
78	24	东方出版中心	0.23%	93	22	山东大学出版社	0.21%
79	24	贵州人民出版社	0.23%	94	21	甘肃人民出版社	0.20%
80	24	河南大学出版社	0.23%	95	21	河南人民出版社	0.20%
81	24	湖北教育出版社	0.23%	96	21	江西人民出版社	0.20%
82	24	湖南教育出版社	0.23%	97	21	辽宁人民出版社	0.20%
83	24	九州出版社	0.23%	98	21	中国藏学出版社	0.20%
84	24	九州岛出版社	0.23%	99	20	北京十月文艺出版社	0.19%
85	23	华中师范大学出版社	0.22%	100	20	河北人民出版社	0.19%

表 2-4 中的出版社供应了 9107 种图书,占总图书量 84.56%。根据二八定律,这些出版社应是我们中文图书采访应该重点关注的对象。

2.2.3.2 出版时段分布

对有出版时间记录的 12 847 条书目的出版时间进行统计,得出各时段图书出版数量比较图(图 2-2)。

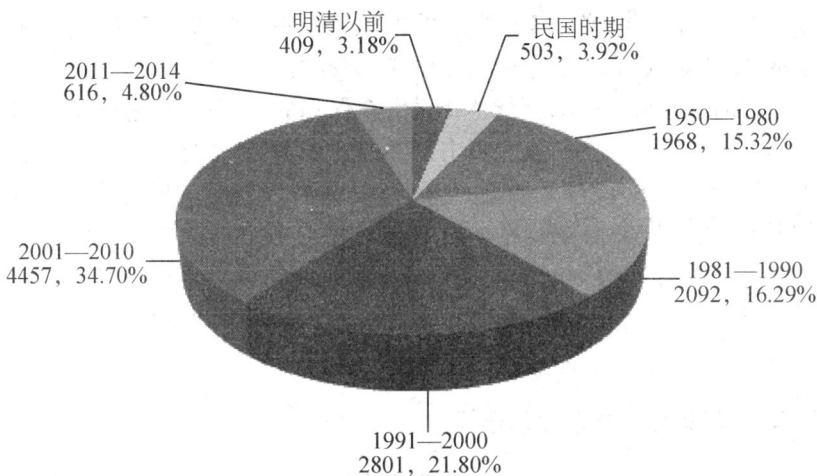

图 2-2　各个时段图书的征引比例图

从图 2-2 可以看出,2011—2014 年的传统文科研究对近 30 年来出版图书的使用比例最大,1981 年到 2010 年出版物总量占据72. 79%,2001 年以后图书占近三分之一。

2.3　对"联合保障"问题的一些分析

目前,华东师范大学的文献资源保障体系由校馆和院系图书馆(资料室)组成。文史哲是我校的传统优势学科,文、史、哲三系与古籍所资料室历史悠久,已形成一定规模和馆藏特色。最近几年,三系一所资料室合并为思勉图书馆,学校加大了投入,每年下拨的购书经费数量不菲。这种形势下,思勉图书馆(以下简称"思勉馆")如何更好地利用经费,与校馆联合,更好地满足研究者的文献需求,值得仔细分析。

2.3.1　目前两馆保障的配合情况

学校图书馆完全保障的 8467 条书目中,思勉馆能够保障 4259条。在 4200 条校馆不能提供完全保障的书目中,思勉馆能够保障 124

条,占 2.95%。校馆与其他院系图书馆大致保障了 10 607 条数据,余下的 2240 条数据,思勉馆能够提供 87 条数据,占 3.88%。

同时,数据还显示,在能够提供完全保障的图书中,思勉图书馆与校馆重复 4135 条,占所有保障书目条数的 48.83%。在思勉馆与征引书目完全匹配的 4259 条数据中,有 3549 条可以同时实现电子图书目的匹配,比例为 83.32%,而本校所有院系图书馆都并未订阅电子图书。可以看出,校馆和思勉馆之间资源存在严重的重复现象,"联合保障"实际上是"重复保障"。确实需要认真分析两馆的资源优势,实现互补。

2.3.2 思勉馆对出版社的选择

对思勉馆藏与征引书目信息能够大致匹配的 5377 条书目出版社情况进行统计,列出各个出版社占思勉保障总数的百分比,从中观察思勉图书馆历来的采选重点和优势,其情况如表 2-5。

表 2-5 思勉图书馆出版社书目与百分比列表

序号	书目种数	出版机构	百分比	序号	书目种数	出版机构	百分比
1	780	中华书局	14.51%	11	97	华东师范大学出版社	1.80%
2	737	上海古籍出版社	13.71%	12	80	上海书店	1.49%
3	359	商务印书馆	6.68%	13	79	中国人民大学出版社	1.47%
4	224	三联书店	4.17%	14	64	广西师范大学出版社	1.19%
5	191	上海人民出版社	3.55%	15	61	上海译文出版社	1.13%
6	170	人民文学出版社	3.16%	16	51	河北教育出版社	0.95%
7	166	人民出版社	3.09%	17	50	社会科学文献出版社	0.93%
8	165	北京大学出版社	3.07%	18	50	复旦大学出版社	0.93%
9	127	中国社会科学出版社	2.36%	19	47	岳麓书社	0.87%
10	102	江苏人民出版社	1.90%	20	36	译林出版社	0.67%

续表

序号	书目种数	出版机构	百分比	序号	书目种数	出版机构	百分比
21	36	上海三联书店	0.67%	36	23	上海教育出版社	0.43%
22	32	齐鲁书社	0.60%	37	22	新星出版社	0.41%
23	32	辽宁教育出版社	0.60%	38	21	中国戏剧出版社	0.39%
24	31	华夏出版社	0.58%	39	20	安徽教育出版社	0.37%
25	30	文物出版社	0.56%	40	18	天津人民出版社	0.33%
26	30	东方出版社	0.56%	41	16	浙江人民出版社	0.30%
27	29	黄山书社	0.54%	42	15	上海商务印书馆	0.28%
28	28	南京大学出版社	0.52%	43	14	浙江古籍出版社	0.26%
29	27	上海文艺出版社	0.50%	44	14	湖南人民出版社	0.26%
30	27	上海辞书出版社	0.50%	45	13	中央文献出版社	0.24%
31	26	学林出版社	0.48%	46	13	科学出版社	0.24%
32	26	巴蜀书社	0.48%	47	13	吉林人民出版社	0.24%
33	25	江苏古籍出版社	0.46%	48	13	国家图书馆出版社	0.24%
34	24	中央编译出版社	0.45%	49	12	作家出版社	0.22%
35	23	上海社科院出版社	0.43%	50	12	四川人民出版社	0.22%

　　将思勉馆与校馆某些出版社供应比例(详见上表2-4:部分出版社提供的图书数量一览表)进行比较,发现两者前十几位出版社的排名顺序大致相同,但思勉馆出版社供应百分比要高于校馆,而到了后面出版社,其比例有所降低。其情况大致如表2-6。

表2-6　思勉馆与校馆部分出版社保障比例表

出版机构	思勉种数	百分比	校馆种数	百分比
中华书局	780	14.51%	1209	11.34%
上海古籍出版社	737	13.71%	959	8.99%

续表

出版机构	思勉种数	百分比	校馆种数	百分比
商务印书馆	359	6.68%	594	5.57%
三联书店	224	4.17%	355	3.33%
上海人民出版社	191	3.55%	345	3.24%
人民文学出版社	170	3.16%	289	2.71%
北京大学出版社	165	3.07%	307	2.88%
中国社会科学出版社	127	2.36%	274	2.57%
江苏人民出版社	102	1.90%	143	1.34%
华东师范大学出版社	97	1.80%	173	1.62%
上海书店	80	1.49%	150	1.41%
中国人民大学出版社	79	1.47%	140	1.31%
广西师范大学出版社	64	1.19%	117	1.10%
上海译文出版社	61	1.13%	96	0.90%
河北教育出版社	51	0.95%	74	0.69%
社会科学文献出版社	50	0.93%	118	1.11%
复旦大学出版社	50	0.93%	105	0.98%
岳麓书社	47	0.87%	94	0.88%
译林出版社	36	0.67%	65	0.61%
上海三联书店	36	0.67%	70	0.66%
齐鲁书社	32	0.60%	96	0.90%
辽宁教育出版社	32	0.60%	63	0.59%
华夏出版社	31	0.58%	63	0.59%
文物出版社	30	0.56%	80	0.75%
东方出版社	30	0.56%	67	0.63%
黄山书社	29	0.54%	60	0.56%
南京大学出版社	28	0.52%	52	0.49%

出版机构	思勉种数	百分比	校馆种数	百分比
上海文艺出版社	27	0.50%	79	0.74%
上海辞书出版社	27	0.50%	63	0.59%
学林出版社	26	0.48%	53	0.50%
巴蜀书社	26	0.48%	64	0.60%

排名在前面的出版社属于专业关联程度高的"核心出版社",思勉馆和校馆这些图书保障比例都比较高,说明两者的馆藏具有较高学术性和专业性,但思勉馆更加明显。随着出版社专业度的下降,思勉馆的供应比例就降到校馆的供应比例之下。这种趋势,也可从下面图2-3中看出来。

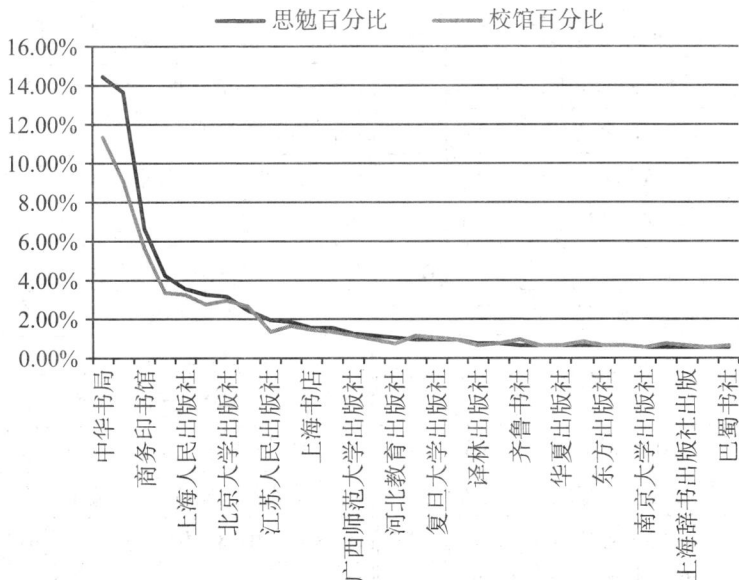

图2-3 思勉馆与校馆重点出版社保障趋势图

可见人文学院保障的重点与优势不在规模与广度上,而在专业关联程度方面。

2.3.3 对思勉馆馆藏部分属性的分析

2.3.3.1 大套书

笔者对征引文献的中的套书、丛书进行统计,得到 210 种大套图书,其中 162 种大套存在两种以上的版本。现将其部分图书在思勉馆和校馆的相关情况列入表 2-7(因篇幅原因,略去出版情况与责任者)。

表 2-7 部分大套图书的保障情况

序号	题名	次数	思勉馆	校馆	序号	题名	次数	思勉馆	校馆
1	四库全书	253	有	有	15	天一阁藏明代方志选刊	11	有	有
2	续修四库全书	110	有	有	16	朱子全书	10	有	有
3	四部丛刊	54	有	有	17	上海乡镇旧志丛书	9	有	有
4	丛书集成	51	有	有	18	四库禁毁书丛刊补编	9		有
5	词话丛编	30	有	有	19	船山全书	8	有	有
6	道藏	27	有	有	20	大正藏	8	有	有
7	四库全书存目丛书	25		有	21	历代曲话汇编	7	有	有
8	十三经注疏	23	有	有	22	北京图书馆古籍珍本丛刊	7		有
9	中国地方志集成	18		有	23	诸子集成	6	有	有
10	古本小说集成	17	有	有	24	当代中国丛书	6	有	有
11	中国方志丛书	15		有	25	近代中国史料丛刊	6	有	有
12	清末时新小说集	13	有	有	26	历代诗话	6	有	有
13	四库未收书辑刊	13	有	有	27	历代诗话续编	6	有	有
14	中国古典戏曲论著集成	12	有	有	28	民国丛书	6	有	有

续表

序号	题名	次数	思勉馆	校馆	序号	题名	次数	思勉馆	校馆
29	上海府县旧志丛书	6	有	有	45	武英殿聚珍版丛书	3		有
30	宋集珍本丛刊	6		有	46	虞山丛刻	3		有
31	五代史书汇编	6		有	47	知不足斋丛书	3	有	有
32	笔记小说大观	4	有	有	48	宋元方志丛刊	2	有	有
33	古本戏曲丛刊	4	有	有	49	宛委别藏	2	有	有
34	海王邨古籍书目题跋丛刊	4		有	50	北京图书馆藏珍本年谱丛刊	2		有
35	国学整理社诸子集成	4	有	有	51	钦定四库荟要	2		有
36	国家图书馆藏古籍题跋丛刊	3	有	有	52	山东文献集成	2		有
37	故宫珍本丛刊	3		有	53	上海图书馆未刊古籍稿本	2		有
38	藏外道书	3	有	有	54	中华再造善本	2		有
39	传世藏书	3		有	55	学津讨原	2		有
40	春在堂全书	3		有	56	艺林名著丛刊	2		有
41	六十种曲	3	有	有	57	古籍珍本游记丛刊	1		有
42	清人书目题跋丛刊	3		有	58	关帝文化集成	1		有
43	全宋诗	3		有	59	明清抄本孤本戏曲丛刊	1		有
44	宋元明清书题跋丛刊	3	有	有	60	上海图书馆藏稀见方志丛刊	1		有

在所列 60 种大套丛书中,校馆保障 60 套,思勉图书馆保障 34 套,重复率为 56.67%。显然,在经费不足的情况下,这些图书应该成为协调采购的重点。

2.3.3.2 译著

对征引信息的作者来源进行分析,可以发现原著者的国别信息。将两馆书目中的译著数量列出,可以得到表 2-8。

表 2-8 两馆译著比例比较表

	思勉馆译著保障条数	思勉馆保障总务数	思勉馆译著保障占比	校馆译著保障条数	校馆保障总条数	校馆译著保障占比
完全保障	398	4259	9.34%	682	8647	7.89%
近似保障	502	5412	9.28%	775	9793	7.91%

在思勉馆完全保障率低于校馆的情况下,思勉馆对翻译图书两个级别的保障率都高于校馆。这说明院系图书馆对国际同行著作的关注比较高。院系馆靠近研究者,的确是可以发挥近水楼台的优势。

对出版译著的机构进行统计,将其情况列入表 2-9。这些出版社也应该是思勉馆关注的重点。

表 2-9 出版译著较多的机构列表

序号	出版社	书目数	序号	出版社	书目数
1	商务印书馆	136	11	华夏出版社	18
2	江苏人民出版社	50	12	人民文学出版社	18
3	三联书店	48	13	人民出版社	17
4	上海译文出版社	42	14	上海古籍出版社	16
5	上海人民出版社	42	15	广西师范大学出版社	15
6	中国社会科学出版社	34	16	中央编译出版社	14
7	北京大学出版社	32	17	南京大学出版社	12
8	中国人民大学出版社	27	18	社会科学文献出版社	12
9	译林出版社	26	19	上海三联书店	11
10	中华书局	19	20	东方出版社	10

续表

序号	出版社	书目数	序号	出版社	书目数
21	华东师范大学出版社	10	30	新华出版社	5
22	重庆出版社	10	31	学林出版社	5
23	新星出版社	9	32	大象出版社	4
24	吉林人民出版社	8	33	海南出版社	4
25	上海文艺出版社	6	34	江苏教育出版社	4
26	世界知识出版社	6	35	陕西师范大学出版社	4
27	四川人民出版社	6	36	上海社会科学院出版社	4
28	复旦大学出版社	5	37	中信出版社	4
29	漓江出版社	5			

　　通过对征引文献的分析,发现华东师范大学图书馆的馆藏能够完全满足六成左右、总体满足八成左右传统人文学科中文文献的需要。这些保障率通过纸质文本、电子文本两种类型和校馆、思勉馆等多个馆藏地实现的。华东师大思勉馆馆藏有深厚的积累,有《四库全书》《续修四库全书》《丛书集成》《四部丛刊》等这样的大型文献,能够大体满足四成左右的中文文献需要,其中三成以上文献资源需求能够在馆内得到完全满足。但校馆与思勉馆馆藏重复现象比较严重,五至八成的文献种类是重复的。重复配置造成"联合保障"的效果是"重复保障",影响保障水平的进一步提高。在文献购置经费紧张的趋势下,两馆应该分工合作,让思勉馆发挥原有优势,努力购置专业关联度大的出版机构的图书,加强译著的搜求力度。

　　校馆与院系资料资料的重复,特别是大型文献的重复,实际上是的浪费。"四库""四部"系列的丛书,卷帙浩繁,价格极其昂贵。随着文献量的不断增加和馆舍空间的限制,重复的大套文献造成极大压力。这些图书其实受众不大,只是传统文科学者用得较多,可以考虑由人文学院资料室购置,其他院系少量使用,也可以到人文学院来看。这些资料之所以重复购置,有两个原因,一是购买的时候不知道本校其他地方已经有馆藏。二是院系间壁垒森严,相互沟通和协调比较困难,此院人员不能借彼院的图书。所以学校应该考虑从文献购置和使用方面总体控制。最彻底的办法就是建设"总—分馆"模型,撤销全部院系资料室,由图书馆统一布局,在院系建设分馆,打破行政壁垒,消除文献重复购置的必要。校馆在总体层面上协调或者控制文献资源建设,超过一定额度文献的购置需要大馆审批,除非有特殊情况,否则,不予重复购置。这样能较好地避免文献的重复问题,提高文献的利用率。

当然,本章的统计分析,仅仅是基于书目品种的分析。从图书使用来看,文献类型、复本数量、馆藏分配也是影响图书保障水平的重要因素。限于篇幅,这些讨论有待于今后进一步展开。

参考文献

[1] 林乐知.万国公报[G].上海:上海书店,2014.

[2] 陈灏一.青鹤[Z].北京:全国图书馆文献缩微复制中心,2004.

[3] 良友图书公司.良友画报[G].上海:上海书店,1986.

[4] 上海市档案馆.工部局董事会会议录[G].上海:上海古籍出版社,2001.

[5] 李森.民国时期高等教育史料汇编[G].北京:国家图书馆出版社,2014.

3 供应商评价:基于书目的分析

图书采访工作涉及很多出版社。仅以中文图书而言,截至 2016 年底,全国共有出版社 584 家[1],要跟这么多出版社直接沟通联系,工作量非常大,必须选择合适的中间商进行信息汇总和处理。随着内地图书馆配市场的开放,除原有的新华书店系统之外,出现了很多图书供应商,如民营的北京人天书店、湖北武汉三新公司等,在内地中文图书馆配市场中占有相当的份额。供应商各有特色,如何根据图书馆实际选择合适的供应商,有许多方面的考量,如需要考察其资质、声誉、业内口碑和财政状况。从图书采访的角度出发,对供应商书目进行分析,可以了解书商在运作过程中与图书馆馆藏目标的适应性及其与部门工作的契合程度,从中提取的数据,可以为设定供应商资格标准提供有益的参考,使招标工作更切合图书馆实际,也可有效评估图书采访工作得失,推进文献建设工作的开展。

2009 年以来,华东师范大学图书馆实行文献资源供应商资格招标制度,共进行三次中文文献资源供应商资格招标工作。持续 6 年的工作积累了一些数据。笔者全面参与华东师范大学图书馆 2009—2016 年间中文图书供应商资格竞标过程,并负责本馆中文书目接收、筛选实践操作,对当前中文图书供应的现状有深切体会。本章的指标和方案,可为大学馆同人做一参考。其中不足,也请不吝指正。

3.1 评价目标

本次评价希望设定三方面指标,比较各合作商中文图书数据的覆盖率、针对性和供给有效性。覆盖率评价主要是考察供应商书目的全面性,从书商与出版社之间合作情况测评供应商的业务前景。针对性评价侧重考察供应商书目是否符合华东师范大学图书馆特色,是否符合华东师范大学学科分布、科研层次需要。有效性评价侧重供应商书目的真实性、及时性,为华东师范大学图书馆提供的服务是否实际有效。

3.2 指标设计

3.2.1 全面性

本次评价对 2010—2015 年书商发来的书目进行汇总,计算各家书目所涉及的出版社。这里包括一系列问题。要修正书目的字体,改繁体为简体;纠正书目传输中产生的名称错误,如将"西冷印社"改回到"西泠印社",将"中国经工业出版社"改为"中国轻工业出版社";将出版社简称改成规范全称,如"西南财大出版社"改成"西南财经大学出版社"。最重要的是要统一出版社名称,以利于后续的分类和统计。因为书目制作人的习惯不同,会对同一出版社使用不同称呼,如"上海书店"与"上海书店出版社"、"北京人民出版社"与"北京出版社"、"商务印书馆""商务印书馆发行部"与"商务印书馆有限公司"等。一些出版社改制,名称有所更改,后缀部分由"出版社"改为"公司"等,如"中信出版社"与"中信出版集团"、"贵州大学出版社"与"贵州大学出版社有限责任公司"、"陕西师范大学出版社"与"陕西师范大学出版总社有限公司"等。一些出版社历史上有联系,但是现在是不同的出版实体,如上海古籍出版社是以前的中华书局上海编辑所。"生活·读书·新知三联书店"与"上海三联出版社"同属三联体系,但现已多年使用不同名称,所以算作不同出版社。而世界图书出版公司有北京、上海、广东、西安、长春等地分公司,但书目中这些区分不够明确,现仍以"世界图书出版公司"对待,以求数据准确。对出版集团下有几个出版社的,如"上海世纪出版集团"下有上海古籍、上海人民等十几个出版社,但各社间是松散的联合,统计时仍然分算。除约定俗成的社名外,清除名称前面的出版地,如将"上海文汇出版社"改成"文汇出版社"、"四川天地出版社"改为"天地出版社"、"上海格致出版社"改为"格致出版社"。

同时,如图书由两个以上出版社联合出版,只统计第一个出版社。

3.2.2 针对性

从华东师范大学图书馆近两年馆藏中选取部分书目,比对供应商的书目与这些图书的关系。书目主要由两部分组成:一是适合华东师范大学图书馆收藏的、学术价值较高的原典和研究性著作;二是借阅次数比较多、哲理性、艺术性比较强的文学作品或者高品质热销图书。前者为华东师范大学图书馆研究性馆藏之必需,后者为普通休闲阅读的需要。所选图书是下文表 3 - 2"核心"出版社的出版品,于 2014—2015 年间获得各种奖项,或者来自各类排行榜的推荐。奖项包括"文津图书奖""茅盾文学奖""中国出版集团出版奖"。排行榜主要是凤凰、豆瓣、新浪读书频道和当当网、亚马逊、《新京报》各大媒体的好书排行。所选图书全部适合高品质、学术性标准。

3.2.3 有效性

到货率是目前书商评价最重要的指标,华东师范大学图书馆前几年也主要以此衡量书商工作效率。随着形势的变化,如今供应商的到货率都比较高,配货率到达 90%,单一到货率指标已经失去区分度。有些时候,书商虽然最终提供图书,但到货很晚,有些图书的到货周期为一年甚至更长,这极大地影响读者对图书馆的信心和评价。所以需要加入时距指标。

本次测评使用两个时距:一是书目制作时距,二是图书配送时距。书目制作时距是指从图书"出版日期"到采购员接到书目日期的天数。图书版权页对图书出版时间的记载到月,除非华东师范大学图书馆 Millennium 系统书目详编记录中有明确日期记载,否则一律以当月的一日为准。日期格式采取"年 - 月 - 日"的方式,如《蓝衫国度·英国人眼中的晚清社会》[2]一书,书商 A 书目的出版时间一栏为"2014. 11",则设定日期格式为"2014 - 11 - 1"。

配货时距是指图书"订购日期"到"核验日期"的天数减去平均积压天数。采购员在图书发订的当天,会将"订购日期"信息导入华东师范大学图书馆系统并产生记录,需要可直接导出。Millennium 系统"资料标识"有"核验日期"信息,但它是在图书拆包、加工后进入系统的,需要减去两个环节因图书积压产生的时滞。目前,华东师范大学图书馆的拆包、加工流程比较稳定,积压时滞可以设为一个均值。

这个指标的设计,也考虑了另外一个情况。有些书商做现书,可能书单制作时距较长,但配送图书时距短。有些书商急于抢单,做期货图书,制作书目日期早于出版日期。若制单时距出现负数,计算时应视为无效。订单发出后,期货图书配送时距会远大于现货。所以,两个时距的使用对现书和期货的测评应该是全面有效的。若发现供应商期货订单数量大,图书配送时距过长,可在供货合同上进行限制并在合作中予以警示。

3.3 部分数据及说明

6 年来,先后有 6 家供应商为华东师范大学图书馆供应中文文科新书,其中两家业务具有连续性。现将其部分数据进行整理和归并,并简要分析。

3.3.1 出版社覆盖率

2010—2015 年接收到 422 841 条中文文科书目,将其"出版社"字段信息进行整理统计,统计出版社数量(单位:个),制成表 3-1。

表 3-1 2010—2015 间供应商合作出版社数量表

年度	2010	2011	2012	2013	2014	2015	均值
6 家供应商出版社总量	501	514	552	590	644	641	573. 67
书商 A 合作出版社数量	498	508	525	561	545	554	531. 83
书商 B 合作出版社数量	252	399	200	531	551	530	410. 5
书商 C 合作出版社数量					510	537	523. 5
书商均值	375	453. 5	362. 5	546	535. 33	540. 33	

根据新闻出版广电总局数据,2010 年全国共有出版社 581 家[3],通过中间商为华东师范大学图书馆供应文科图书的有 501 家。2014 年,广电总局出版社 583 家[4],与华东师范大学图书馆合作的数量达到 641 家,超过总局的数量。其中原因应该是本章统计标准与总局标准不一致,具体情况何如,无须详论。但从表 3 - 1 可以看出,通过供应商,华东师范大学图书馆中文业务涵盖了越来越多的出版社,中间商对图书馆重要性在增强。

将每个出版社被选中的图书种数累加后按年度平均,将均值排位在 150 位的列为表 3 - 2。

表 3 - 2　部分出版社 2010—2015 年间年均中文文科图书数量表

序号	出版社	种数	序号	出版社	种数
1	中国社会科学出版社	1089.67	18	复旦大学出版社	256.67
2	社会科学文献出版社	903.83	19	清华大学出版社	249
3	北京大学出版社	677.17	20	广西师范大学出版社	232.33
4	人民出版社	625.67	21	长江文艺出版社	228.2
5	法律出版社	612.67	22	北京师范大学出版社	227.17
6	经济科学出版社	538.67	23	世界图书出版公司	226.5
7	科学出版社	504.5	24	三联书店	215.5
8	商务印书馆	492	25	中国经济出版社	214.67
9	中国人民大学出版社	457.83	26	译林出版社	212.14
10	中华书局	385.83	27	经济管理出版社	210
11	上海人民出版社	381.5	28	南京大学出版社	198.33
12	人民文学出版社	348.33	29	上海三联书店	198.17
13	知识产权出版社	344.5	30	中国政法大学出版社	197.33
14	高等教育出版社	302.33	31	上海译文出版社	190.83
15	上海古籍出版社	280.67	32	江苏文艺出版社	184.83
16	作家出版社	278.17	33	武汉大学出版社	178.83
17	浙江大学出版社	273.17	34	上海文艺出版社	176.5

续表

序号	出版社	种数	序号	出版社	种数
35	外语教学与研究出版社	175.5	44	厦门大学出版社	141
36	文物出版社	173.67	45	东方出版社	140.83
37	中信出版社	164.83	46	上海外语教育出版社	135.83
38	中国金融出版社	162.17	47	重庆出版社	134
39	中央编译出版社	158	48	江苏凤凰文艺出版社	133.5
40	九州出版社	157.33	49	上海社会科学院出版社	130.17
41	中国法制出版社	150	50	北京联合出版公司	125
42	上海交通大学出版社	149.5		……	
43	光明日报出版社	143.33	150	甘肃人民出版社	52

通过招标,华东师范大学图书馆年均批量订购一般中文新书 30 130.87 种,这 150 个出版社年均提供 22 323.68 种,占总量的 74.1%,可以大致被认定为华东师范大学图书馆文科图书"核心"出版社,属于"二八定律"中的"二"。

选择前"核心"出版社的前 20 名,将四个供应商近三年来提供其图书种数的情况列为表 3-3。

表 3-3　供应商近三年来部分核心出版社选中书目种数表

出版社	年均选书数	书商 A			书商 B			书商 C		书商 D
		2015	2014	2013	2015	2014	2013	2015	2014	2013
中国社会科学出版社	1089.67	1805	1175	1461	1307	511	697	1428	126	0
社会科学文献出版社	903.83	1410	1037	1	1069	265	497	631	283	83
北京大学出版社	677.17	1120	813	739	879	334	619	742	349	211
人民出版社	625.67	1034	612	726	940	428	649	877	160	24
法律出版社	612.67	1297	684	40	1358	426	763	1071	276	1

出版社	年均选书数	书商 A			书商 B			书商 C		书商 D
		2015	2014	2013	2015	2014	2013	2015	2014	2013
经济科学出版社	538.67	842	724	291	648	215	595	654	109	2
科学出版社	504.5	997	562	64	627	254	461	643	60	586
商务印书馆	492	769	533	33	659	244	339	655	196	18
中国人民大学出版社	457.83	1416	663	3	1195	404	532	681	193	23
中华书局	385.83	501	354	1	423	259	132	507	185	248
上海人民出版社	381.5	603	267	324	609	391	420	552	220	56
人民文学出版社	348.33	423	151	13	363	246	173	353	175	39
知识产权出版社	344.5	569	300	4	514	188	412	453	98	0
高等教育出版社	302.33	769	353	461	521	240	103	761	176	19
上海古籍出版社	280.67	277	190	73	299	213	289	305	136	56
作家出版社	278.17	489	253	286	415	145	201	1	110	70
浙江大学出版社	273.17	654	431	8	521	189	318	349	84	26
复旦大学出版社	256.67	309	305	1	85	147	277	253	162	12
清华大学出版社	249	1283	605	8	1070	430	561	1030	183	232
广西师范大学出版社	232.33	385	192	29	421	301	178	306	236	61
均数	461.73	848	510	230	696	292	411	613	176	88

从表 3-3 可以看出,书商 A、D 在 2013 年对 TP20 出版社中的 11个只能提供几条书目,只有供应商 B 提供的数量大于年均选书数。光靠一两家供应商完全不够,三家供应商之间互补非常重要。到 2015年,A、B、C 三家供应商基本都提供了数量多于选中均值的书目,对核心出版社书目的保障能力明显增强。

有些出版社只出现在某个供应商的书目中,形成独家供货的现象。其2010—2015年的情况可以从表3-4中看出。

表3-4　近年供应商独家合作出版社数量表

书商	2010	2011	2012	2013	2014	2015
A	249	77	77	45	26	18
B			14	29	46	23
C	7	11		10	40	42
年均数	129	88	45.5	28	37.33	27.67

如表3-4所见，合作初期，有较多的出版社只给某个书商提供书目，华东师范大学图书馆只能通过这一家购买图书。其后，"独家合作"出版社的年均数量逐年下降。出版社改变营销方式，流通中的渠道逐渐畅通，改善了我们只依赖某个供应商的现象。同时，书商供应书目趋同，馆藏同质化现象逐渐突出。

3.3.2　准确性

目前，书目准确性的标准包括书号、作者、出版等字段信息的准确性。根据当前采访工作的实际，"丛编"题名作正题名的情况应作为衡量书目准确性最重要的测评项目。出版社出于营销目的，一种书通过多种组合发送书目，单种售出后又加入种种系列，一种丛编变个书号。这样极易产生重复订购，导致图书退回，浪费采访、加工人员的时间和精力，也增加中间商的成本。这个问题应该引起足够重视，需在供应合同中加以约束。丛编形式的书目中若单种有ISBN，要求中间商必须发送单种书的信息，之前若发送过其中单种图书的，之后相关丛编不得以任何理由"不单卖"。表3-5统计了华东师范大学图书馆近三年来发现的丛编书目与单种书目混淆的次数。

表3-5　各书商丛编题名做正题名情况汇总表

书商	2013	2014	2015	均值
A	34	6	3	14.33

续表

书商	2013	2014	2015	均值
B	48	15	6	23
C		9	9	9
均值	41	10	6	15. 44

3. 3. 3 针对性

按照上文 3. 2. 2 节的标准,从华东师范大学图书馆书目中选取部分 "重点"图书,测算供应商发送书目信息是否适合华东师范大学图书馆 馆藏需要,是否遗失馆藏所需要的图书种类。共遴选 95 种图书 1523 条 书目,列为表 3 - 6。

表 3 - 6　华东师范大学图书馆重点部分书目表

序号	题名	出版社
1	毛姆传	安徽文艺出版社
2	诺森德的守望	百花洲文艺出版社
3	档案中的虚构:16 世纪法国的赦罪故事及故事的讲述者	北京大学出版社
4	家人父子:由人伦探访明清之际士大夫的生活世界	北京大学出版社
5	变革:地下经济的全球性崛起	北京联合出版公司
6	俄罗斯解密档案选编:中苏关系(全 12 册)	东方出版中心
7	大路:高速中国里的工地纪事	广西师范大学出版社
8	档案:一部个人史	广西师范大学出版社
9	经与史:华夏世界的历史建构	广西师范大学出版社
10	历史学的境界	广西师范大学出版社
11	政治秩序与政治衰败:从工业革命到民主全球化	广西师范大学出版社
12	自由的基因:我们现代世界的由来	广西师范大学出版社
13	施密特:与中国为邻	海南出版社

续表

序号	题名	出版社
14	南渡北归2:北归	湖南文艺出版社
15	故纸硝烟:抗战旧书藏考录	黄山书社
16	微信力量	机械工业出版社
17	平行历史:阴谋论塑造的世界	江苏凤凰文艺出版社
18	最漫长的十四天:南京大屠杀幸存者口述实录与纪实	江苏凤凰文艺出版社
19	仪式、政治与权力	江苏人民出版社
20	伯力城审判:沉默半个世纪的证言	九州出版社
21	权力的边界:税、革命与改革	九州出版社
……		
94	中共的治理与适应:比较的视野	中央编译出版社
95	找寻真实的蒋介石:蒋介石日记解读	重庆出版社

1523 条书目中,三家供应商提供的情况,如表 3-7 所示。

表 3-7　重点图书书目书商来源分布表

	书商 A	书商 B	书商 C	总条数	百分比
独家提供条数	68	5	2	75	4.92%
两家提供条数	169	111	124	404	26.52%
三家提供条数	348	348	348	1044	68.54%
缺失图书种数	50	161	151		

从表 3-7 可以看出,所有书商都能提供书目的种数比率不到 70%,一家遗失重点书目的比例超过 1/4,将近 5% 的图书两家都未能提供信息。书商 B、C 近两年都有严重的书目缺失现象。情况最好的书商 A,两年来也有 50 种图书在常规书单中没有出现。原因可能是出版社发书折扣高于给华东师范大学图书馆的供货折扣,所以供应商屏蔽了相关信息。所以中文新书不能过分依赖供应商书目,采访员需

要自己搜寻相关信息。图书招标合同中也应该有相关条款做出规定,缺发种数起码应该低于书商 A 每年 25 种的水准。

3.3.4 时效性

对表 3 - 6 书目中三家供应商都能提供的 1044 条信息进行整理,在表 3 - 8 中列出其制单时距情况。

表 3 - 8　书商制单时距表

书商	现书		期货	
	种数	制单时距(天)	种数	制单时距(天)
A	321	35.77	27	- 48.33
B	325	45.71	23	- 14.61
C	329	43.55	19	- 12.58
均值	325	41.67	23	- 25.17

对选中书目订单中"资料标识"信息进行整理统计,加工成标准格式,计算"订购日期"到"资料标识"日期中的天数,减去积压时滞均值(10 天),结果如表 3 - 9 所示。

表 3 - 9　各个书商配货时间表(单位:天)

书商	2013	2014	2015	书商均值
A	88	88	42	72.67
B	136	118	51	101.67
C	65	82	28	58.33
年均值	96.33	95.8	40.33	

3.3.5 图书到货率

本章到货率指标有两个:一是年到货率,二是分时段到货率。在 Millennium 系统中以"订购时间"限制条件,将介于"2013 - 1 - 1"到

"2015 - 12 - 31"时间段的中文图书订单信息拉出作为对照依据。输出信息的字段包括"书商""订购日期""处理状态""资料标识"。对"处理状态"进行统计,剔除"处理状态"为"Z(取消)"订单的数量,统计状态为"A(全部付清)"的数量,得到表3 - 10。

表3 - 10　书商年到货统计表

年度	供应商	发出订单种数	订单取消种数	未到货种数	到货数量	到货率
2013	A	18 351	214	373	17 764	96.80%
	B	7451	24	938	6489	87.09%
	C					
2014	A	19 557	34	922	18 601	95.11%
	B	16 363	12	1457	14 894	91.02%
	C	6296	9	307	5980	94.98%
2015	A	16 298	2394	26	13 878	85.15%
	B	17 858	3507	82	14 269	79.90%
	C	5984	506	40	5438	90.88%

　　2013到2014年距导出数据已超一年,数据应该能真实反映书商的供货能力。经过统计,2013到2014年三家文科图书供应商的年均到货率为93%。

　　将2013—2015年间书商配送图书的时距分成一周、两周、一个月、两个月、三个月、四个月几段,将各供应商在各时段配送比率制成表3 - 11。

表3 - 11　供应商图书配送时段分布

年度	供应商	年度订单种数	一周	一到两周	两周至一个月	一至两月	两至三月	三至四个月	四月以上
2013	A	16 431	7.75%	5.12%	12.70%	27.78%	19.58%	7.67%	19.85%
	B	6007	0.05%	0	3.36%	24.60%	23.44%	12.05%	36.49%
	D	9834	6.32%	5.35%	36.17%	18.24%	9.54%	17.00%	8.41%

年度	供应商	年度订单种数	一周	一到两周	两周至一个月	一至两月	两至三月	三至四个月	四月以上
2014	A	18 004	1.41%	4.57%	6.75%	28.54%	33.28%	13.24%	12.71%
	B	14 646	0.19%	0.25%	1.78%	17.17%	27.08%	26.38%	26.69%
	C	5707	14.46%	3.85%	4.12%	39.51%	21.50%	4.35%	12.63%
2015	A	13 322	9.06%	8.30%	39.46%	35.35%	6.53%	0.38%	1.61%
	B	13 188	9.43%	7.03%	28.02%	32.07%	13.65%	5.74%	2.91%
	C	4563	37.87%	30.33%	13.26%	17.93%	3.37%	0.02%	0.90%
均值		11 300	9.62%	7.20%	16.18%	26.80%	17.55%	9.65%	13.58%

注:按四舍五入取值。

从表 3 - 11 可以看出,2013—2015 年间,只有近三成的图书品种实现了一个月内到货。2015 年的情况有所改善,三家供应商 30 天到货的平均比率达到 60.92%,最高的一家达到 81.46%,配货时间超过两个月的比率为 11.70%,比前几年也有明显提高。快速到货是图书采购的生命线,必须坚持高标准。今后供应商配货时间,最起码不低于 2015 年的平均水准。

3.3.6 售后

建立图书退换登记表,对换书情况进行登记,主要是图书情况和供应商名称、通知退换日期、到达日期。将到达日期减去退换日期,得出退换时距。将信息列为表 3 - 12。

表 3 - 12 退换书登记表

书商	题名	出版社	通知时间	到达时间
C	告别未名湖	九州出版社	2013 - 10 - 29	2013 - 10 - 31
C	私人生活史 3	北方文艺出版社	2013 - 11 - 1	未到
B	请偷走海报	中信出版社	2013 - 5 - 8	2013 - 5 - 13

续表

书商	题名	出版社	通知时间	到达时间
B	外国继承法比较与中国民法典继承编制定研究	北京大学出版社	2013 – 5 – 6	2013 – 5 – 13
B	卡拉扬芭蕾音乐	上海音乐出版社	2013 – 9 – 9	2013 – 9 – 26
B	蒙古族优秀歌曲精选	中央民族大学出版社	2013 – 9 – 18	2013 – 9 – 30
B	沙漏无言:《闽江》1958年—2012年	海峡文艺出版社	2013 – 10 – 10	2013 – 10 – 14
B	红豆馆拍正词曲遗存(五)	商务印书馆	2013 – 11 – 7	未到
B	政论中国2010	人民日报出版社	2013 – 11 – 7	未到
B	亚非研究	时事出版社	2013 – 10 – 28	2013 – 10 – 30
A	满铁档案资料汇编(第一卷)	社会科学文献出版社	2013 – 12 – 3	2013 – 12 – 18
A	民主的细节	上海三联出版社	2013 – 12 – 16	2013 – 12 – 19
A	汉语虚词	北京语言大学出版社	2013 – 12 – 16	2013 – 12 – 19
A	大学英语快速阅读3	北京大学出版社	2013 – 10 – 8	2013 – 11 – 7

将2014年来供应商退换书信息进行整理,得到表3 – 13。

表3 – 13　退换书时效表

	退换书种数	未到书种数	平均到书时距(天)
A	24	2	12.75
B	28	3	7.83
C	23	1	5.3
均值	25	2	8.62

3.4 评价结果与建议

从以上数据出发,根据华东师范大学图书馆情况设定标准,对中标商与出版社的合作情况、书目的针对性、有效性和售后服务进行打分。目前,华东师范大学图书馆普通图书采访工作以重点图书信息缺失、配送时间长和丛编名做正题名现象较为突出,评价中应予以较大权重。有鉴于此,本次评价予以各项指标权重分值如表3-14。

表3-14 近期书商评价标准表

	书目				配货		售后	
	出版社覆盖率	书目准确性	制单时距(天)	年重点书目缺失率	年到货率	30天内到货率	换书时距(天)	年无反应数量(条)
权重	10%	10%	10%	20%	20%	20%	5%	5%
标准	540	4.78	41.67	25(种)	95%	60%	8.62	2

书目准确性以"丛编名"做"题名"的情况作为指标,重点书目缺失率以核心出版社重点图书为标准。时效性方面,"30天到货率"和"配送时距"二者选一。按以上分值,对书商在各分值领域的表现值与标准值进行比较,乘以权重比,即为供应商各个项目的得分。正面指标(出版社覆盖率、到货率)分值的计量方法是以表现值除以标准值再乘权重比;负面指标(正题名作丛编名,年重点图书缺失率,制单、到货、换书时距,年无反映数量)则以标准值除以表现值再乘以权重比(最高分不超过满分分值)。以此计算,两年来中文新书供应商评估结果,如表3-15所示。

表3-15 书商得分表

	出版社覆盖率	书目准确性	制单时距(天)	年重点书目缺失(种)	年到货率	30天到货率	换书时距(天)	年换书无反应种数	总得分
分值	10	10	10	20	20	20	5	5	

续表

	出版社覆盖率	书目准确性	制单时距(天)	年重点书目缺失(种)	年到货率	30天到货率	换书时距(天)	年换书无反应种数	总得分
标准	540	15.44	41.67	25	95%	60%	8.62	2	
A表现值	549.5	14.33	35.77	25	95.96%	56.82%	12.75	2	
A得分	10.00	10.00	10.00	20.00	20.00	18.94	3.38	5.00	97.32
B表现值	540.5	23	45.71	80.5	89%	44.48%	7.83	3	
B得分	10.00	6.23	9.12	6.21	18.75	14.83	5.00	3.33	73.47
C表现值	523.5	9	43.55	75.5	96.73%	81.46%	5.3	1	
C得分	9.69	10.00	9.57	6.62	20.00	20.00	5.00	5.00	85.89

　　本章对华东师范大学图书馆近几年来中文文科书目数据进行统计分析,对供应商的货源、书目制作发送和配货情况进行比较。对近年与供应商合作中出现的问题制定了有针对性的标准,强调重点图书信息发送和配送时效,更贴近中文新书采访的实际。文中提出的指标及参数,是基于华东师范大学图书馆与供应商多年合作的实践,对当前中文图书采访工作有一定借鉴意义。

参考文献

[1] 国家广播电视总局. 2016 年全国新闻出版业基本情况[EB/OL]. [2018 - 07 - 01]. http://www. sapprft. gov. cn/sapprft/govpublic/6677/1633. shtml.

[2] 阿绮波德·立德. 蓝衫国度:英国人眼中的晚清社会[M]. 北京:新华出版社,2014.

[3] 国家广播电视总局. 2010 年全国新闻出版业基本情况[EB/OL]. [2018 - 07 - 01]. http://www. sapprft. gov. cn/sapprft/govpublic/6677/303. shtml.

[4] 国家广播电视总局. 2014 年全国新闻出版业基本情况[EB/OL]. [2018 - 07 - 01]. http://www. sapprft. gov. cn/sapprft/govpublic/6677/310. shtml.

4　外文图书保障统计调查

外文图书是外文文献的重要组成部分,其时效性不如期刊和网站,但专著见解独到、钻研深入、阐述集中的特点,使其历久弥新,是人类思想宝库的最坚强支柱。外文图书与中文图书的购置情况不同。在图书体量上,外文书数量少,中文书体量大得多。国家对外文书发布专门进口许可,进口渠道有限,购置不容易。中文图书可能实现全品种购买,但外文图书不可能。外文图书价格昂贵,基本上实行读者选荐模式,讲究有的放矢,目标性很强,有要求才会保障,这样可以提高经费的利用率。因为经费限制和价格昂贵,外文图书特别讲究好钢用在刀刃上,很有必要对经费使用效率进行评价。同时,为了对外文图书工作有客观评价,也需要对外文图书的保障情况进行调查。

引文分析是文献计量学的重要方法之一。它利用各种数学及统计学的方法,对期刊、论文、著者等对象的引用现象进行比较、归纳、概括,以揭示其数量特征和内在规律。对论文的引文进行分析,可以研究用户的信息需求特点。一般来说,附在论文末尾的被引文献是作者所需要和利用的最有代表性的文献。引文特点可基本反映出用户利用正式渠道获得信息的主要特点。图书馆对其所服务的用户论文的引文分析,更具有直接的指导意义。通过对用户发表论文进行引文统计,可以获得与信息需求有关的许多指标,如引文数量、文献类型、语种分布、时间分布、引文出处等。

博士研究生是大学科研力量的中坚,博士论文往往代表着学校教学科研的最高水准。对他们研究的支持度,是衡量图书馆对教学科研保障水平的一个标尺。对博士论文征引外文文献保障率的统计,也就成为图书馆馆藏评估的利器,具有一定的理论意义。因此,笔者于2013 年对华东师范大学某一届博士论文进行引文分析,考察外文图书的保障情况。

4.1　实施方法和过程

4.1.1　调查对象

本抽取对象是 2012 年的博士论文。因统计时间是 2013 年 4 月，当时 2013 届博士论文尚未提交,无法获得数据。2012 年的博士论文时距较小,也能反映当时文献与研究保障间的最新态势。

统计对象不包括博士后出站报告。这里主要是考虑出站报告水准与博士论文有差距。尽管校方规定本院系博士不得在原毕业单位继续进行博士后研究,但有些人总能暗度陈仓,出站报告与博士论文内容重复较多。

同时,未能解密的论文也不在统计之列。

4.1.2　实施思路

论文的 pdf 文档从本馆博士论文数据库中下载,请计算机系的两名研究生编写程序,将文档的参考文献部分提取输入 Excel 表格,组成第一组数据。同时将华东师范大学图书馆系统中的外文书目导出,做成 Excel 表格,形成第二组数据。再将两组数据进行比对分析,得出结论和建议。

4.1.3　操作要点

4.1.3.1　字段设置

第一组(论文引文信息)的每条数据包含以下字段:专业方向、院系、指导老师、文献内容。前三个字段用来跟踪论文学科和院系背景。第二组(馆藏书目信息)包括两部分,第一部分属于图书本身的属性,包括题名、主要责任者、出版信息、版本、语种、文献载体和形态;第二部分属于图书在华东师范大学图书馆的特征,包括:经费来源、采购书商、借书次数、续借次数。

4.1.3.2　匹配对象

本研究的外文"图书"大致包括论文征引文献中的专著([M])和会议论文集([C])及部分连续出版物等。有些出版机构,如 Springer,会出版连续出版物,多是定期召开国际会议论文的结集,周期不定,没有期刊号。一些国际机构,如国际原子能机构,会定期发表连续性报告。只要上述文献经正式出版社处理过,在馆藏记录中有出版状况可循,一并归入"图书"。而未注明出版情况的,则仍归入"研究报告""会议论文类"。这样的处理是为适应采购经费使用的实际。因为它们都用外文"图书"经费买进。

4.1.3.3　匹配要求

对两组数据采取模糊匹配的方法,要求是对题名、主要责任者、出版情况三个字段都要有信息匹配,但每个字段内部都可以部分匹配。后条规定主要是考虑到相当一部分引文数据与图书馆数据有不同:

(1)对主要责任者姓氏、名称的位置排列,特别是一个人的姓名包含三个以上部分的情况,编目馆员甚至也有不同的处理办法,博士研究生的处理方法就更加多样。

(2)书名中存在主题名、副题名、小题名的情况,存在对后两者是加还是不加、加几个的不同。有些书的丛编题名与主题名容易混淆。

(3)出版信息中,有些出版社有几个分社,或者书是几个出版社合作出版,是列出第一个还是全部列出,不同人有不同的处理。有些图书版本年代与印刷时间标注让人难以辨清。

4.1.3.4　匹配结果的处理

古代柏拉图、亚里士多德等人的经典,时间久长,后人理解和阐述不一,流传中产生不同体系,不同版本间存在内容差异,参引可靠性不强。近代如杜威、罗素等人的经典,不同版本间出版者、导言、序、跋、后记可能不一样,但主体内容相同,可相互参证。国内影印本要看原本情况,国内译本只能算内容大致相同,因为译者可能会歪曲原作的本意,或不能完全表达原文深意。字典、词典、教程、百科全书之间的不同版本,即使不同版本间时距不长,主要责任者相同,书的内容也会经常修订,那就完全不能算是匹配。所以,对工具书、教材的匹配要求要严格,对近、当代著作则可放宽要求。

对图书馆而言,除了某些特藏,采访人员不可能搜全各种版本,近代很多版本间内容不变,完全是可以替代的。若因为出版社、出版年代的不同而认定图书馆这个版本没有支持科研,抹杀采访人员的劳动,也是不够公平的。论文中的版本与图书馆馆藏之间优劣很难说。有时博士生看的书是图书馆的,但在列参考文献时在图书馆找不到原书,只好临时从网上剪贴了另一版本。这种情况笔者就碰到过好几次。基于这种情况,课题使用"完全保障""近似保障"两级概念,来处理匹配结果,以切合评估工作的实际。

外文书版本有四项要素:主题名、第一著(编)者、出版信息(出版地、出版社、出版时间)、语种。若征引信息与馆藏书目四项情况完全相符,那就是版本完全相同。考虑到博士研究生电脑的普及,电子书的情况应考虑在内。"完全保障"的情况就可涵盖外文原版、电子原版、国内影印原版。如果其中后两项不同,但可以确定原书撰著(编)人相同,算作是"近似保障"。其情况涵盖版本不同的外文纸本、电子图书、国内影印本和译本。

计算中,系统中若并存两种不同级别的保障情况,无论载体与次数,只按照高级别的算一次。若共同出现"完全保障"级别的纸本与电子书的情况,也只算一次"完全保障"。

4.1.3.5　时间安排

2013 年 4—5 月份主要是进行程序设计与调试,6 月上旬产出第一组数据,中、下旬产出第二组数据。7、8 月份整理数据,主要是人工检查、手动添加和修改数据。同时进行博士生问卷调查与数据统计分析。9 月份将部分数据进行分析。

4.1.3.6 实施中的困难

华东师范大学对博士生论文征引文献格式没有统一规定,文献格式五花八门。程序只能提取一部分,剩下的要靠手动提取、剪贴,有些院系(如化学、物理)博士论文 pdf 文档不能直接复制,得用软件先转成 word 文档。提取后的文献信息要靠人工判别、分离文献类型、主要责任者、出版情况,费时费力。

4.2　外文图书保障数据

匹配后,对数据进行分类、归并,先完成重点任务——外文图书保障率。围绕它对外文采访工作进行探讨。

4.2.1　征引文献概况

本次抽取博士论文共 463 篇,提取参考文献 95 194 条,平均每篇205.60 条。中文文献 43 600 条,外文文献 51 594 条。后者占征引总量的 54.20%。平均每篇 111.43 条,比重大于中文。情况见图 4-1。

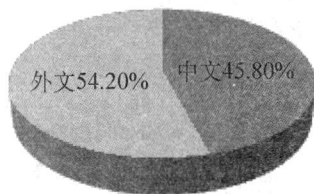

图 4-1　中外文资料比例图

外文文献中,有期刊 37 846 条、研究报告 966 条、外文网站 1391条、学位论文 326 条,会议论文 277 条、其他类型 954 条(日报、档案、专利、手稿等)、图书 9834 条。其中外文图书总量排名第二,占19.06%,占论文总征引量的 10.33%。情况见图 4-2。

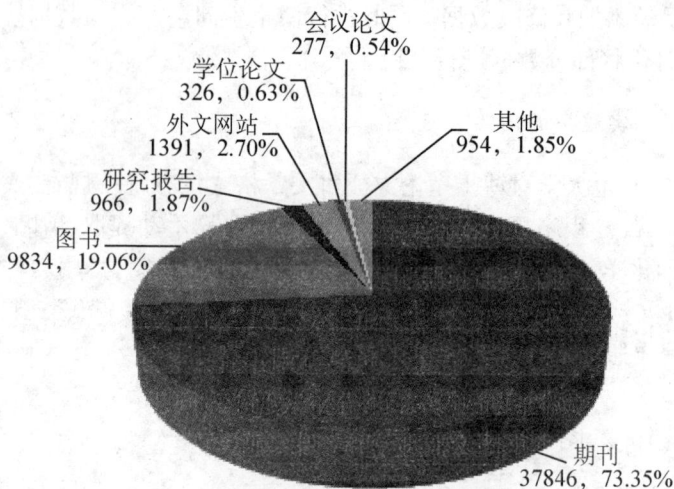

图 4 - 2　外文文献比例图

会议论文 277，0.54%
学位论文 326，0.63%
外文网站 1391，2.70%
研究报告 966，1.87%
图书 9834，19.06%
其他 954，1.85%
期刊 37846，73.35%

4.2.2　外文文献保障数字

4.2.2.1　总体保障情况

对 2012 届博士论文所征引的 9000 多条外文图书在华东师范大学图书馆系统中进行查询匹配,以保障条数(n)除以外文征引总条数(m),得出保障率(n/m)的百分比,简列于表 4 - 1。

表 4 - 1　外文图书保障率总览表

征引总条数	纸本完全保障(条)	电子书完全保障(条)	完全保障(条)	完全保障率	版本不同外文(条)	国内译本(条)	近似保障(条)	近似保障率
9834	2136	494	2630	26.74%	1021	331	3982	40.49%

4.2.2.2　学科保障情况

总体保障比率只能笼统说明大致情况,为了更准确揭示图书馆对各学科博士生的支持力度,现将博士论文分学科统计,得出各专业征引外文图书总量（m）和匹配数（n），得出专业保障率（n/m）百分比。详情见表4-2。

表4-2 各专业保障率列表

序号	专业	完全保障率	近似保障率	序号	专业	完全保障率	近似保障率
1	马克思主义理论与思想政治教育	90.91%	90.91%	17	课程与教学论	34.05%	50.00%
2	领导教育学	72.73%	81.82%	18	政治学理论	33.59%	51.15%
3	教育学原理	54.05%	68.24%	19	国际冷战史	33.33%	40.17%
4	无线电物理	48.94%	68.09%	20	教育伦理学	33.33%	50.00%
5	教育政策学	48.00%	56.00%	21	高等教育学	33.04%	41.52%
6	学科教育（数学）	47.13%	66.67%	22	系统理论	32.61%	47.83%
7	外国哲学	46.80%	69.36%	23	英语语言文学	32.44%	47.86%
8	中国古代文学	45.00%	90.00%	24	基础心理学	32.43%	54.05%
9	教育史	42.11%	56.58%	25	无机化学	31.82%	54.55%
10	比较文学与世界文学	41.90%	50.48%	26	国外马克思主义	31.82%	50.00%
11	马克思主义中国化研究	41.67%	41.67%	27	基础数学	31.71%	44.72%
12	科学社会主义与国际共产主义运动	40.82%	51.02%	28	计算数学	30.51%	50.85%
13	光学	37.88%	60.61%	29	专门史	30.29%	41.14%
14	学前教育学	37.42%	58.28%	30	河口海岸学	30.23%	46.51%
15	物理化学	35.48%	50.00%	31	学科教育	30.09%	44.91%
16	语言学及应用语言学	34.69%	52.89%	32	微电子学与固体电子学	30.00%	55.00%

续表

序号	专业	完全保障率	近似保障率	序号	专业	完全保障率	近似保障率
33	纳米物理学	30.00%	43.33%	54	运筹学与控制论	20.00%	33.33%
34	金融学	29.87%	38.96%	55	应用数学	20.00%	53.33%
35	凝聚态物理	29.63%	66.67%	56	历史社会学	20.00%	20.00%
36	环境工程	28.00%	48.00%	57	教育文化与社会	18.39%	44.83%
37	史学理论与史学史	27.13%	39.53%	58	教育经济与管理	17.81%	20.55%
38	有机化学	26.79%	50.00%	59	文艺学	17.73%	34.55%
39	人文地理学	25.67%	38.21%	60	生物化学与分子生物学	17.65%	23.53%
40	中国哲学	25.58%	37.21%	61	中国古代史	16.67%	16.67%
41	系统分析与集成	25.23%	40.54%	62	文艺民俗学	16.67%	16.67%
42	国际关系	24.64%	33.15%	63	神经生物学	16.67%	16.67%
43	应用心理学	24.32%	33.78%	64	中国近现代史	14.47%	15.79%
44	概率论与数理统计	22.64%	50.94%	65	植物学	14.29%	25.00%
45	动物学	22.22%	25.00%	66	中国古典文献学	14.29%	28.57%
46	成人教育学	21.95%	60.98%	67	生态学	13.61%	34.32%
47	教育技术学	21.64%	27.61%	68	职业技术教育学	13.11%	22.13%
48	文学与传媒	21.36%	37.86%	69	地图学与地理信息系统	12.96%	22.84%
49	对外汉语教学	21.05%	40.35%	70	特殊教育学	12.24%	20.41%
50	比较教育学	20.87%	32.57%	71	自然地理学	12.17%	25.40%
51	精算学	20.83%	45.83%	72	基因组学	11.11%	22.22%
52	发展与教育心理学	20.31%	42.19%	73	人口学	10.53%	26.32%
53	运动人体科学	20.00%	32.31%	74	世界经济	10.00%	27.50%

序号	专业	完全保障率	近似保障率	序号	专业	完全保障率	近似保障率
75	计算机应用技术	9.24%	15.26%	86	第四纪地质学	3.33%	13.33%
76	水生生物学	8.70%	21.74%	87	生物医学	0.00%	5.26%
77	心理信息工程学	8.33%	25.00%	88	语言文字学	0.00%	0.00%
78	世界史	7.75%	12.40%	89	生理学	0.00%	28.57%
79	马克思主义基本原理	7.69%	15.38%	90	海外中国学	0.00%	0.00%
80	思想政治教育	6.25%	6.25%	91	理论物理	0.00%	80.00%
81	分析化学	6.12%	24.49%	92	环境科学	0.00%	0.00%
82	艺术语言学	4.84%	11.29%	93	高分子化学与物理	0.00%	50.00%
83	政治哲学	4.81%	11.54%	94	历史文献学	0.00%	0.00%
84	通信与信息系统	4.65%	20.93%	95	体育人文社会学	0.00%	0.00%
85	中国现当代文学	4.59%	5.50%		专业均值	22.99%	37.33%

4.3 对外文图书采购的意义

保障率数字可从一个方面体现图书馆外文资源对各专业教学科研过去的支持力度,另一方面,对外文图书采访工作也有一定的评估价值。要体现后一点,需要其他指标的配合。

在经费紧张的情况下,图书的使用效率是很重要的原则之一。这个指标可从借阅数字直接得出,但由于华东师范大学图书馆系统中只有外文纸本的借阅记录,电子书的点击数字还不能统计。这样,单纯的纸本借阅数字不能完全反映图书使用量。而另外两个指标则可以弥补这一缺陷:一是篇均征引比例,二是专业外文的实际引用条数。第一个指标体现外文图书对这个专业的支撑比例,属内在因素。第二个指标可以体现出外文图书的使用规模,属外在量的因素。若某专业研究非常依赖外文,外文保障程度举足轻重,那在其现保障比率之外要设一个权重因子。若某专业虽以前保障比例低,篇均引文量不高,但博士论文多,征引基数还是很大。一般而言,博士论文多,意味着学科力量强大。从学科发展角度考虑要重点照顾,那这也要加一个影响因子。反之,一个专业外文图书保障率高,但博士生寥寥,经费使用效率就较低。这种保障就可通过馆际互借或其他方式解决。

4.3.1 专业外文需要度

将各专业征引外文图书数量(n)与总征引量(m)进行对比,得出各个专业外文图书征引比例(n/m)的百分数。用这个标准反映各领域对外文图书的需要程度。华东师范大学各个专业详情见表4-3。

表4-3 专业外文图书征引情况列表

序号	论文学科	引文总条数	征引外文图书条数	外文图书占总文献的比率
1	英语语言文学	1293	863	66.74%
2	政治哲学	172	104	60.47%
3	外国哲学	565	297	52.57%
4	海外中国学	263	104	39.54%
5	学前教育学	449	163	36.30%
6	政治学理论	388	131	33.76%
7	史学理论与史学史	387	129	33.33%
8	国际冷战史	355	117	32.96%
9	国际关系	1753	552	31.49%
10	世界史	431	129	29.93%
11	应用数学	55	15	27.27%
12	学科教育(数学)	338	87	25.74%

续表

序号	论文学科	引文总条数	征引外文图书条数	外文图书占总文献的比率
13	精算学	114	24	21.05%
14	国外马克思主义	106	22	20.75%
15	比较教育学	1911	393	20.57%
16	对外汉语教学	590	114	19.32%
17	系统分析与集成	607	111	18.29%
18	专门史	975	175	17.95%
19	计算机应用技术	1439	249	17.30%
20	语言学及应用语言学	3427	588	17.16%
21	高等教育学	2065	342	16.56%
22	成人教育学	252	41	16.27%
23	科学社会主义与国际共产主义运动	606	98	16.17%
24	基础数学	766	123	16.06%
25	课程与教学论	2078	326	15.69%
26	系统理论	310	46	14.84%
27	教育史	2096	304	14.50%
28	发展与教育心理学	460	64	13.91%
29	计算数学	427	59	13.82%
30	地图学与地理信息系统	1176	162	13.78%
31	艺术语言学	469	62	13.22%
32	中国哲学	1020	129	12.65%
33	心理信息工程学	96	12	12.50%
34	教育学原理	1211	148	12.22%
35	基础心理学	620	74	11.94%

续表

序号	论文学科	引文总条数	征引外文图书条数	外文图书占总文献的比率
36	职业技术教育学	1048	122	11.64%
37	概率论与数理统计	477	53	11.11%
38	应用心理学	691	74	10.71%
39	比较文学与世界文学	983	105	10.68%
40	人文地理学	5004	526	10.51%
41	文艺学	2170	220	10.14%
42	无线电物理	472	47	9.96%
43	教育技术学	1352	134	9.91%
44	文学与传媒	1066	103	9.66%
45	人口学	204	19	9.31%
46	自然地理学	2129	189	8.88%
47	运筹学与控制论	338	30	8.88%
48	神经生物学	72	6	8.33%
49	通信与信息系统	536	43	8.02%
50	学科教育	1135	91	8.02%
51	教育伦理学	151	12	7.95%
52	领导教育学	146	11	7.53%
53	教育经济与管理	1005	73	7.26%
54	金融学	1074	77	7.17%
55	马克思主义理论与思想政治教育	167	11	6.59%
56	生态学	2637	169	6.41%
57	马克思主义中国化研究	191	12	6.28%
58	河口海岸学	718	43	5.99%

续表

序号	论文学科	引文总条数	征引外文图书条数	外文图书占总文献的比率
59	世界经济	1412	80	5.67%
60	特殊教育学	870	49	5.63%
61	中国近现代史	1507	76	5.04%
62	教育文化与社会	1749	87	4.97%
63	运动人体科学	1375	65	4.73%
64	中国现当代文学	2377	109	4.59%
65	教育政策学	559	25	4.47%
66	水生生物学	572	23	4.02%
67	思想政治教育	399	16	4.01%
68	环境工程	625	25	4.00%
69	马克思主义基本原理	675	26	3.85%
70	光学	1888	66	3.50%
71	理论物理	149	5	3.36%
72	第四纪地质学	955	30	3.14%
73	凝聚态物理	878	27	3.08%
74	纳米物理学	978	30	3.07%
75	微电子学与固体电子学	2659	80	3.01%
76	无机化学	743	22	2.96%
77	植物学	1010	28	2.77%
78	有机化学	2315	56	2.42%
79	历史社会学	209	5	2.39%
80	中国古代文学	933	20	2.14%
81	物理化学	2922	62	2.12%

续表

序号	论文学科	引文总条数	征引外文图书条数	外文图书占总文献的比率
82	动物学	1815	36	1.98%
83	分析化学	2899	49	1.69%
84	生物医学	1289	19	1.47%
85	环境科学	143	2	1.40%
86	生理学	568	7	1.23%
87	中国古代史	999	12	1.20%
88	生物化学与分子生物学	1539	17	1.10%
89	文艺民俗学	546	6	1.10%
90	基因组学	852	9	1.06%
91	高分子化学与物理	311	2	0.64%
92	中国古典文献学	1359	7	0.52%
93	语言文字学	1241	3	0.24%
94	历史文献学	562	1	0.18%
95	体育人文社会学	276	0	0.00%
	专业均值		102	11.96%

从表4-3可看出2012届博士生外文图书用户的专业分布。需求决定服务,外文图书对专业重要的,保障力度就要加大。

4.3.2 专业外文图书实际使用度

将各个专业2012届博士论文数量相加,得出各专业论文篇数,列入表4-4。这可作为衡量外文图书使用量的第一个指标。

表4-4 专业论文篇数列表

序号	专业	论文篇数	序号	专业	论文篇数
1	有机化学	18	24	特殊教育学	7
2	人文地理学	18	25	语言文字学	7
3	语言学及应用语言学	15	26	学科教育	6
4	生态学	13	27	教育技术学	6
5	光学	12	28	文学与传媒	6
6	基础数学	12	29	运动人体科学	6
7	微电子学与固体电子学	12	30	中国近现代史	6
8	自然地理学	12	31	中国古典文献学	6
9	物理化学	11	32	地图学与地理信息系统	6
10	计算机应用技术	11	33	世界经济	6
11	文艺学	10	34	中国古代文学	5
12	分析化学	10	35	比较文学与世界文学	5
13	中国现当代文学	10	36	纳米物理学	5
14	比较教育学	9	37	凝聚态物理	5
15	教育史	8	38	国际关系	5
16	生物医学	8	39	概率论与数理统计	5
17	课程与教学论	7	40	教育文化与社会	5
18	高等教育学	7	41	中国古代史	5
19	英语语言文学	7	42	职业技术教育学	5
20	中国哲学	7	43	第四纪地质学	5
21	动物学	7	44	教育学原理	4
22	生物化学与分子生物学	7	45	无机化学	4
23	植物学	7	46	计算数学	4

续表

序号	专业	论文篇数	序号	专业	论文篇数
47	金融学	4	69	政治学理论	2
48	应用心理学	4	70	国际冷战史	2
49	教育经济与管理	4	71	系统理论	2
50	无线电物理	3	72	史学理论与史学史	2
51	外国哲学	3	73	水生生物学	2
52	学前教育学	3	74	世界史	2
53	基础心理学	3	75	思想政治教育	2
54	专门史	3	76	马克思主义理论与思想政治教育	1
55	河口海岸学	3	77	领导教育学	1
56	环境工程	3	78	学科教育（数学）	1
57	系统分析与集成	3	79	马克思主义中国化研究	1
58	对外汉语教学	3	80	教育伦理学	1
59	发展与教育心理学	3	81	国外马克思主义	1
60	运筹学与控制论	3	82	成人教育学	1
61	文艺民俗学	3	83	精算学	1
62	基因组学	3	84	应用数学	1
63	马克思主义基本原理	3	85	历史社会学	1
64	艺术语言学	3	86	神经生物学	1
65	通信与信息系统	3	87	人口学	1
66	生理学	3	88	心理信息工程学	1
67	教育政策学	2	89	政治哲学	1
68	科学社会主义与国际共产主义运动	2	90	海外中国学	1

序号	专业	论文篇数	序号	专业	论文篇数
91	理论物理	1	94	历史文献学	1
92	环境科学	1	95	体育人文社会学	1
93	高分子化学与物理	1		专业均值	4.87

将各个专业外文图书征引量相加,得出实际使用量的第二个指标。各专业征引外文图书总条数见表4-5。

表4-5 各专业外文征引图书数量表

序号	专业	征引总条数	序号	专业	征引总条数
1	英语语言文学	863	16	学前教育学	163
2	语言学及应用语言学	588	17	地图学与地理信息系统	162
3	国际关系	552	18	教育学原理	148
4	人文地理学	526	19	教育技术学	134
5	比较教育学	393	20	政治学理论	131
6	高等教育学	342	21	史学理论与史学史	129
7	课程与教学论	326	22	中国哲学	129
8	教育史	304	23	世界史	129
9	外国哲学	297	24	基础数学	123
10	计算机应用技术	249	25	职业技术教育学	122
11	文艺学	220	26	国际冷战史	117
12	学科教育	216	27	对外汉语教学	114
13	自然地理学	189	28	系统分析与集成	111
14	专门史	175	29	中国现当代文学	109
15	生态学	169	30	比较文学与世界文学	105

续表

序号	专业	征引总条数	序号	专业	征引总条数
31	政治哲学	104	53	分析化学	49
32	海外中国学	104	54	无线电物理	47
33	文学与传媒	103	55	系统理论	46
34	科学社会主义与国际共产主义运动	98	56	河口海岸学	43
35	学科教育(数学)	87	57	通信与信息系统	43
36	教育文化与社会	87	58	成人教育学	41
37	微电子学与固体电子学	80	59	动物学	36
38	世界经济	80	60	纳米物理学	30
39	金融学	77	61	运筹学与控制论	30
40	中国近现代史	76	62	第四纪地质学	30
41	基础心理学	74	63	植物学	28
42	应用心理学	74	64	凝聚态物理	27
43	教育经济与管理	73	65	马克思主义基本原理	26
44	光学	66	66	教育政策学	25
45	运动人体科学	65	67	环境工程	25
46	发展与教育心理学	64	68	精算学	24
47	物理化学	62	69	水生生物学	23
48	艺术语言学	62	70	无机化学	22
49	计算数学	59	71	国外马克思主义	22
50	有机化学	56	72	中国古代文学	20
51	概率论与数理统计	53	73	人口学	19
52	特殊教育学	49	74	生物医学	19

续表

序号	专业	征引总条数	序号	专业	征引总条数
75	生物化学与分子生物学	17	86	生理学	7
76	思想政治教育	16	87	文艺民俗学	6
77	应用数学	15	88	神经生物学	6
78	马克思主义中国化研究	12	89	历史社会学	5
79	教育伦理学	12	90	理论物理	5
80	中国古代史	12	91	语言文字学	3
81	心理信息工程学	12	92	环境科学	2
82	马克思主义理论与思想政治教育	11	93	高分子化学与物理	2
83	领导教育学	11	94	历史文献学	1
84	基因组学	9	95	体育人文社会学	0
85	中国古典文献学	7		专业均值	103.51

综合比较"各专业保障率表"（表4-2）、"专业论文篇数列表"（表4-4）、"专业征引外文条数列表"（表4-5），可以看出，有些专业论文很少，如"马克思主义理论与思想政治教育"，只有1篇，外文总征引量才11篇，外文需求度6.59%，远低于11.96%的专业均值。这说明它对外文需要程度不高，总使用量很少。其外文保障率排位却很高，从使用效率方面衡量，其保障程度是否需要排在第一位？这需要重新考量。

4.3.3 加权分值的确定

结合以上两个原则确定未来外文图书的保障重点，可以通过设定简单的公式来实现。每个专业都设基本权重分值1分，另可加权重分，加分分值可采取以下四种计算方法之一：

（1）专业篇均保障率较高者,每高于专业均值（22.99/37.33%）23/38个百分点,增加权重分1分;

（2）论文篇数较多者,以专业论文篇数的平均量（4.87）为标准,每高出5篇即增加1分;

（3）专业篇均引外文图书百分比大者,每高于专业均值（11.96%）每12个百分点,加1分;

（4）专业征引外文篇数较多者,每超专业均值（103.51）104条,即增加1分。

每个专业只能按照用以上4种方法计算出的最高权重分加一次。权重分体现各专业外文图书目前的使用效率。

算上权重分以后,各专业外文图书保障排序情况可见表4-6。可将此作为确定外文经费保障重点的原则之一。

表4-6 外文采访各专业权重总分表

序号	学科	权重总分	序号	学科	权重总分
1	英语语言文学	8.3	12	课程与教学论	3.14
2	语言学及应用语言学	5.66	13	学前教育学	3.03
3	国际关系	5.31	14	教育史	2.93
4	政治哲学	5.04	15	政治学理论	2.82
5	马克思主义理论与思想政治教育	3.95	16	史学理论与史学史	2.78
6	比较教育学	3.78	17	国际冷战史	2.75
7	有机化学	3.6	18	生态学	2.6
8	人文地理学	3.6	19	世界史	2.5
9	海外中国学	3.3	20	光学	2.4
10	高等教育学	3.29	21	微电子学与固体电子学	2.4
11	领导教育学	3.16	22	自然地理学	2.4

序号	学科	权重总分	序号	学科	权重总分
23	中国古代文学	2.39	45	地图学与地理信息系统	1.56
24	教育学原理	2.35	46	物理化学	1.54
25	应用数学	2.28	47	系统分析与集成	1.53
26	计算机应用技术	2.2	48	专门史	1.5
27	无线电物理	2.13	49	无机化学	1.45
28	理论物理	2.12	50	教育伦理学	1.45
29	文艺学	2.12	51	基础心理学	1.44
30	教育政策学	2.09	52	系统理论	1.42
31	学科教育	2.08	53	中国哲学	1.4
32	学科教育（数学）	2.05	54	动物学	1.4
33	外国哲学	2.04	55	生物化学与分子生物学	1.4
34	分析化学	2	56	植物学	1.4
35	中国现当代文学	2	57	特殊教育学	1.4
36	比较文学与世界文学	1.82	58	语言文字学	1.4
37	马克思主义中国化研究	1.81	59	基础数学	1.38
38	科学社会主义与国际共产主义运动	1.78	60	概率论与数理统计	1.36
39	凝聚态物理	1.77	61	计算数学	1.36
40	精算学	1.76	62	高分子化学与物理	1.33
41	国外马克思主义	1.73	63	河口海岸学	1.31
42	成人教育学	1.62	64	纳米物理学	1.3
43	对外汉语教学	1.61	65	金融学	1.3
44	生物医学	1.6	66	教育技术学	1.29

续表

序号	学科	权重总分	序号	学科	权重总分
67	环境工程	1.28	82	文艺民俗学	1
68	文学与传媒	1.2	83	神经生物学	1
69	运动人体科学	1.2	84	基因组学	1
70	中国近现代史	1.2	85	人口学	1
71	中国古典文献学	1.2	86	世界经济	1
72	教育文化与社会	1.2	87	水生生物学	1
73	职业技术教育学	1.18	88	马克思主义基本原理	1
74	发展与教育心理学	1.16	89	思想政治教育	1
75	艺术语言学	1.1	90	通信与信息系统	1
76	应用心理学	1.06	91	第四纪地质学	1
77	心理信息工程学	1.05	92	生理学	1
78	运筹学与控制论	1	93	环境科学	1
79	历史社会学	1	94	历史文献学	1
80	教育经济与管理	1	95	体育人文社会学	1
81	中国古代史	1		专业均值	1.94

4.4 种数保障情况

4.4.1 种数保障率

对文献建设者而言,图书种数是较为切实的指标,可更有效地评估和指导采访实际。笔者对 9418 条引用文献进行归并,得到 7400 种不重复书目,进一步分析。所引用 7400 种书目的保障情况如表 4 - 7 所示。

表4-7 种数保障率

总数（种）	完全保障数（种）	完全保障率	近似保障数（种）	近似保障率	总体保障率	仅靠电子保障数量（种）	仅靠电子保障的百分比
7400	1517	20.50%	743	10.04%	30.54%	95	1.28%

与条数保障率相比，种数保障率下降了6至10个百分点，这应该是有部分图书被反复引用所致。与之前的调查相比，2002年抽取博士论文121篇，总征引文献19 839种，外文图书1855种，其中匹配文献513种，匹配书目的百分比为28.65%[1]。可以看出，比之10年前，馆有外文图书总量已经上升，但在保障百分比方面却有下降趋势，可谓加大的供应量仍跟不上快速增长的需要。

4.4.2 征引文献出版社情况

7400种引文里出版社情况明确的有7292种，对此整理，统计出1679个出版社，其出现频次、保障效果之间关系列如表4-8。

表4-8 文献出版社分布表

出版社级别	出版社数量（个）	出现频次（次）	保障书目数（种）	占保障书目的百分比
四级	1130	1	1130	15.50%
三级	344	2—4	873	11.97%
二级	153	5—19	1412	19.36%
一级	52	20以上	3877	53.17%

从表4-8可以看出，征引文献中出现过20次以上的出版社有52个，它们贡献了近4000种书目，过半参考文献出自其中。其部分详情简列于表4-9（出版社使用传统称呼，名称较长者用主要名称；合作出版者，只计入排名第一的出版社）。

表4-9　高频次出现的出版社

序号	名称	频次	序号	名称	频次
1	Cambridge University Press	433	13	Standford University Press	74
2	Routlege	339	14	Blackwell	74
3	Oxford University Press	313	15	Princeton University Press	69
4	Springer	230	16	John Benjamins	67
5	Wiley	140	17	Prentice-Hall	64
6	Harvard University Press	130	18	Palgrave	63
7	Macmillan	117	19	Jossey-Bass	62
8	The MIT Press	112	20	McGraw-Hill	61
9	Academic	105	21	Longman	56
10	The University of Chicago Press	100	22	Sage	55
11	Erlbaum	87	23	Kluwer	50
12	University of California Press	83	24	Clarendon Press	44

从提高效率的角度来说,采访人员可采取分级制,给高频出现的出版社以较高关注度,以达到事半功倍的效果。

4.4.3　馆藏图书出版社的状况

将征引书目与馆藏书目有出版状况记载者匹配,匹配出2034种书目、410个出版社,情况如表4-10所示。其排名靠前的国外出版社情况如表4-11所示。

表4-10　馆藏图书出版社分布表

出版社级别	出版社数量（个）	出现频次（次）	保障书目种数	占保障书目的百分比
四级	235	1	235	11.55%
三级	101	2—4	267	13.13%

出版社级别	出版社数量（个）	出现频次（次）	保障书目种数	占保障书目的百分比
二级	57	5—19	490	24.09%
一级	16	20 以上	1042	51.23%

表 4 – 11　馆藏文献中高频次出现的出版社

序号	名称	频次	序号	名称	频次
1	Cambridge University Press	217	14	Blackwell	31
2	Routledge	147	15	University of California Press	26
3	Springer	99	16	Palgrave	22
4	Oxford University Press	87	17	Clarendon	20
5	Wiley	85	17	Longman	20
6	Harvard University	60	19	The University of Chicago Press	18
7	Macmillan	54	20	Stanford University Press	17
8	The MIT Press	42	21	Princeton University Press	16
9	Jossey-Bass	35	21	Prentice-Hall	16
10	Academic	34	23	Sage	15
11	John Benjamins	33	24	Teacher College Press	14
12	Erlbaum	32	24	Westview Press	14
13	McGraw-Hill	31	24	Yale University Press	14

　　将征引文献中出版频次前 24 位的出版社与馆藏高频出版社情况比较,简况如图 4 - 3 所示。

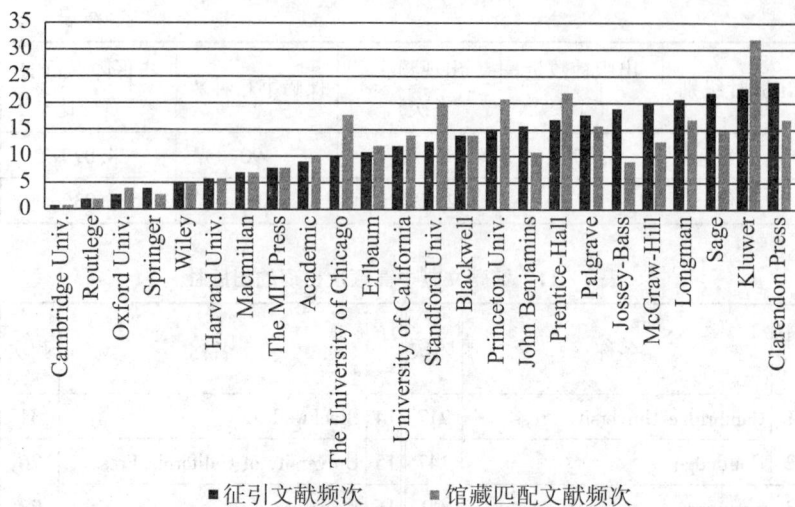

图 4 - 3　征引文献与馆藏文献出版社相符程度图

从图 4 - 3 中可以看出,征引文献中排名前 25 位的出版社,在馆藏文献出版社的排名没有超过 35 位的,征引文献与馆藏文献出版社前 9 位排位情况非常接近。这说明华东师范大学图书馆外文图书采选重点比较正确,在出版社的选择上与博士生要求较为接近。但馆藏出版社覆盖面与征引文献情况存在很大差距,采访人员应加大搜索力度,尽量将征引文献的"第三级"出版社纳入视野。

4.4.4　出版时间数据的对比

对征引文献的出版时间进行梳理,得出有确切出版时间的书目 7303 种。其出版时间最早是 1087 年,时间跨度为 925 年。计算各时段征引文献种数与有出版年代书目种数(7303)的百分比,将各年代的时间分布列入表 4 - 12(出版时间截至 2012 年)。

表 4 - 12　征引文献出版时间分布状况表

出版时段	文献种数	百分比	出版时段	文献种数	百分比
2010—2012	245	3.35%	1980—1989	1065	14.58%
2000—2009	2503	34.27%	1970—1979	683	9.35%
1990—1999	1987	27.21%	1960—1969	362	4.96%
1950—1959	191	2.62%	1910—1919	28	0.38%
1940—1949	62	0.85%	1900—1909	18	0.25%
1930—1939	57	0.78%	1899 年以前	40	0.55%
1920—1929	62	0.85%			

对馆藏匹配文献进行整理,得出有确切出版时间的文献 1757 条,最早的出版时间为 1886 年。计算匹配馆藏各时段种数与有出版年代匹配馆藏总数(1757)的百分比,将馆藏文献出版时段的分布情况列入表 4 - 13。

表 4 - 13　馆藏文献出版时间分布状况表

出版时段	文献种数	百分比	出版时段	文献种数	百分比
2010—2012	58	3.30%	1940—1950	12	0.68%
2000—2009	603	34.32%	1930—1939	12	0.68%
1990—1999	413	23.51%	1920—1929	15	0.85%
1980—1989	350	19.92%	1910—1919	6	0.34%
1970—1979	161	9.16%	1900—1909	5	0.28%
1960—1969	77	4.38%	1899 年以前	2	0.11%
1950—1959	43	2.45%			

征引文献与馆藏文献出版的时间分布可通过图 4 - 4 进行比较。

可以看出,征引文献的九成左右是在 1960—2010 年这 50 年间出版的;近 30 年出版的专著,占文献总量的四分之三。1990—2010 年之间出版的,馆藏文献与征引文献的占比差不多,两条年代百分比曲线大致吻合,年代分布比较符合征引需求。

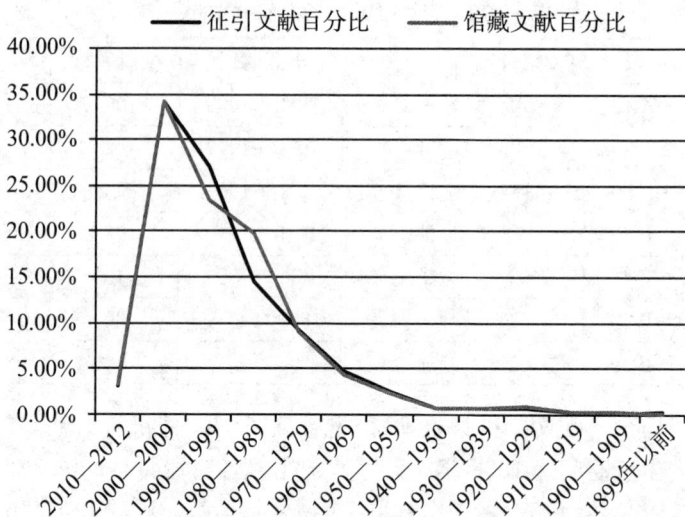

图 4 - 4　征引文献与馆藏文献出版时间分布对照表

4.5　馆藏文献的借阅情况

在馆藏系统中对 7440 种书目进行检索,得到有借阅记录的书目 650 种。对这些图书的分类号进行整理,合并中西文、新老分类法,统一按《中国图书馆分类法》进行排列,得出各分类号,将其所代表的学科大类外文图书借阅情况列为表 4 - 14。

表 4 - 14　匹配外文图书各大类借阅情况

学科	被借图书(种)	学科	被借图书(种)
教育	122	天文学、地球科学	54
哲学、宗教	85	政治、法律	34
语言、文字	80	数理科学和化学	31
文化、科学、教育、体育	78	艺术	22
生物科学	64	社会科学总论	18

学科	被借图书(种)	学科	被借图书(种)
文学	18	马克思主义、列宁主义、毛泽东思想、邓小平理论	2
历史、地理	14		
经济	6		
工业技术	4	医药、卫生	2
自然科学总论	3	交通运输	2
		环境科学、安全科学	1

各大类中,借阅种数较多的专业门类如表4-15所示。

表4-15 借阅次数较多外文书的专业

专业	被借图书(种)	专业	被借图书(种)
教育心理	79	语言学	32
高等教育	66	高等数学	23
教育文化	37	常用外国语	15
认知与心理	34	幼儿教育	13

外文图书开架借阅只是近5年的事,之前华东师范大学图书馆外文书都只能室内阅览,室内阅览情况无法统计,无借阅记录并不代表该图书没有读者在室内阅览。上述两表只能部分反映外文图书的使用率,但借阅记录多较大则说明用户较多,使用效率较高,制订采购计划时要适当照顾。

借阅次数较高图书的题名,见表4-16(为节省篇幅,一些题名省略部分词语)。

表 4 - 16 部分高借阅次数的外文图书

题名	借阅次数
The Norton Anthology of American Literature	340
The Structure of Scientific Revolutions	319
Foundations of Cognitive Grammar, vol I: Theoretical Prerequisites	208
Life in Classrooms	202
An Inquiry into the Nature and Causes of Wealth of Nations	188
Preschool in Three Cultures Revisited: China, Japan …	156
Distinction: A Social Critique of the Judgement of Taste	156
Comprehensive Supramolecular Chemistry	144
Semantics and Pragmatics: Meaning in Language and Discourse	138
Social Psychology	128
Moby-Dick	128
The Cambridge History of China, Vol. 10	124
Early Childhood Education Today	116
Text and Context: Explorations in …	116
Graduate Text in Mathematics	114
Educating the Reflective Practitioner: Toward a New Design for …	110
How to Do Things with Words	110
Educational Psychology	108
Pragmatics	104
Reconstructing Teacher Education: Teacher Development	100
Selfhood: Identity, Esteem, Regulation	98
Research Methods in Education	98
Principles and Practice in Second Language Acquisition	96

续表

题名	借阅次数
Principles of Pragmatics	94
Education and Power	90
Wetlands	84
Thought and Language	82
Basic Principles of Curriculum and Instruction	80
Implicit Learning and Tacit Knowledge:An Essay on the ...	80
Electrochemical Methods:Fundamentals and Applications	80
Introduction to Theoretical Linguistics	80
Aesthetic Theory	78
Handbook of Self-regulation	76
Pragmatics:A Multidisciplinary Perspective	74
Principles of Language learning and Teaching	72
Literary Theory:An Introduction	70
Nonlinear Optics	70
K-Theory for Operator Algebras	68
Making Sense of Mathematics Teacher Education.	68
Social Psychology and Second Language Learning:The Role of ...	68
Dialogue in Teaching:Theory and Practice	66
Philosophy and the Mirror of Nature	66
Discourse Analysis	66
Teachers,Schools,and Society	64
Experimental Psychology	64
The Evolving Self:Problem and Process in Human Development	64

续表

题名	借阅次数
Home, School, and Community Relations: A Guide to Working with Parents	64
Protocol Analysis: Verbal Reports as Data	62
Testing Statistical Hypotheses	62
Implicit learning: Theoretical and Empirical Issues	62
Name Reactions: A Collection of Detailed Reaction Mechanisms	60
Oxford Dictionary of Current Idiomatic English	60
Developing the Curriculum	60
International Handbook of Curriculum Research	60
Acts of Meaning	60
Naming and Necessity	60
Attachment and Development	60
The Principalship : A Reflective Practice Perspective	60
Shanghai, the Rise and Fall of a Decadent City	58
Parents and Teachers Together Partnership in Primary and Nursery Education	58
Fundamental Concepts of Language Teaching	58
The Shaping of American Higher Education: Emergence and Growth of the Contemporary System	58
The Moral Life of Schools	58
Introduction to Early Childhood Education	58
Creative Curriculum Leadership: Inspiring and Empowering Your School Community	58
An Introduction to Probability Theory and Its Applications. Vol. II	56
Philosophy of Logics	56

题名	借阅次数
History of Education in America	54
Linking Practice and Theory：The Pedagogy of Realistic …	54
The Republic of Plato	54
Handbook of Individual Differences，Learning，and Instruction	50
The European and American University Since 1800：Historical and Sociological Essays	50
Solid-State NMR Spectroscopy：Principles and Applications	50
Feminist Literary Theory：A Reader	50

可以看出，借阅率较高的图书大多是学科基础性经典，有很强的工具性、方法性和导向性，题名中带有"handbook""introduction""principle""fundamental""methods"。博士论文厘清概念、明确方法必须征引其中的论述。外文采访工作对此尤其要注意。

4.6　问卷情况的参照

本次发放 500 份博士生问卷，回收 485 份。个别院系研究基地在外地，博士生外出调研，没有参加本次调研。问卷时都有工作人员在场监督，参与者独立完成，属有效问卷。

4.6.1　外文图书重要性

将受访者选择次数除以院系受访者总数，得出外语"必不可少"的院系百分比。在参加调研的博士生中，选择外文图书是自己研究"必不可少"的占院系总数百分比的情况，见表 4－17。

表 4 – 17   认为外语"必不可少"的博士生分布

学院	参加人数	百分比	学院	参加人数	百分比
体育与健康学院	6	100.0%	教育科学学院	85	32.9%
精密光谱重点实验室	3	100.0%	心理与认知科学学院	91	31.9%
国际关系学院	11	81.8%	人文社会科学学院	108	31.48%
外国语学院	9	77.8%	信息科学技术学院	13	30.8%
河口所	3	66.7%	跨学科学院	17	29.4%
社会发展学院	8	62.5%	金融与统计学院	12	25.0%
理工学院	35	48.6%	设计学院	4	25.0%
生命科学学院	17	41.2%	对外汉语	8	25.0%
资源与环境科学学院	23	34.8%	公共管理学院	15	20.0%
新闻传播学院	9	33.3%	商学院	5	0.0%
国际汉语教师研修基地	3	33.3%	汇总	485	37.3%

以选择使用外文图书频率较高(每周阅读或参校两次以上)的博士生人数除以院系参加人数,得出经常使用外文图书院系百分比,其情况见表4 – 18。

表 4 – 18   认为自己高频率使用外文图书的博士生分布

学院	参加人数	百分比	学院	参加人数	百分比
体育与健康学院	6	100.0%	国际汉语教师研修基地	3	66.7%
精密光谱重点实验室	3	100.0%	信息科学技术学院	13	53.8%
河口所	3	100.0%	社会发展学院	8	50.0%
国际关系学院	11	72.7%	外国语学院	9	44.4%
理工学院	35	68.6%	心理与认知科学学院	91	40.7%
金融与统计学院	12	66.7%	资源与环境科学学院	23	39.1%

学院	参加人数	百分比	学院	参加人数	百分比
生命科学学院	17	35.3%	跨学科学院	17	23.5%
新闻传播学院	9	33.3%	教育科学学院	85	16.5%
公共管理学院	15	26.7%	设计学院	4	0.0%
人文社会科学学院	108	25.93%	商学院	5	0.0%
对外汉语学院	8	25.0%	汇总	485	36.9%

4.6.2 外文图书满足度

在"图书馆馆藏外文图书满足您需要的程度"的四个选项中,以选择者数量除以院系接受调研者数量,以百分比表示院系外文图书需求能得到满足的程度。其情况见表4-19。

表4-19 各院系受访者外语图书需求满足的程度

学院	人数	基本满足	大部分满足	小部分满足	完全不能满足
教育科学院	85	32.9%	32.9%	25.9%	1.2%
心理与认知科学学院	91	45.1%	20.9%	24.2%	6.6%
国际关系学院	11	9.1%	36.4%	54.5%	0.0%
体育与健康学院	6	66.7%	0.0%	0.0%	33.3%
金融与统计学院	12	16.7%	33.3%	50.0%	0.0%
外国语学院	9	22.2%	33.3%	33.3%	11.1%
资源与环境科学学院	23	34.8%	39.1%	21.7%	4.3%
公共管理学院	15	20.0%	33.3%	20.0%	6.7%
人文社会科学学院	108	34.26%	25.93%	32.41%	3.70%
生命科学学院	17	23.5%	47.1%	23.5%	5.9%
设计学院	4	25.0%	0.0%	75.0%	0.0%

续表

学院	人数	基本满足	大部分满足	小部分满足	完全不能满足
对外汉语学院	8	50.0%	37.5%	12.5%	0.0%
精密光谱重点实验室	3	100.0%	0.0%	0.0%	0.0%
新闻与传播学院	9	22.2%	22.2%	44.4%	11.1%
社会发展学院	8	62.5%	12.5%	25.0%	0.0%
商学院	5	40.0%	40.0%	20.0%	0.0%
信息科学技术学院	13	38.5%	7.7%	53.8%	0.0%
河口与海岸重点实验室	3	66.7%	0.0%	33.3%	0.0%
国际汉语教师研修基地	3	0.0%	33.3%	0.0%	0.0%
理工学院	35	45.7%	28.6%	17.1%	5.7%
跨学科学院	17	17.6%	58.8%	23.5%	0.0%
各项指标总数	485	175	139	136	21
均值		36.8%	25.9%	28.1%	4.3%

表4-19中"基本满足""大部分满足"的态度,可以视为肯定性评价,将此两项百分比相加,可见华东师范大学博士生对图书馆外文馆藏持肯定性评价的情况,具体情况见表4-20。

表4-20　各院系博士生对图书馆持肯定性评价

学院	参加人数	较好评价率	学院名称	参加人数	较好评价率
新闻与传播学院	9	44.40%	教育科学学院	85	65.80%
对外汉语学院	8	87.50%	金融与统计学院	12	50.00%
公共管理学院	15	53.30%	精密光谱重点实验室	3	100.00%
国际关系学院	11	45.50%	跨学科学院	17	76.40%
河口海岸国家重点实验室	3	66.70%	理工学院	35	74.30%

学院	参加人数	较好评价率	学院名称	参加人数	较好评价率
人文社会科学学院	108	60.19%	外国语学院	9	55.50%
商学院	5	80.00%	心理与认知科学学院	91	66.00%
社会发展学院	8	75.00%	信息科学技术学院	13	46.20%
生命科学学院	17	70.60%	资源与环境科学学院	23	73.90%
体育与健康学院	6	66.70%	均值		62.70%

表4-20表明,大部分博士生是认同校馆外文馆藏的,这与实际情况是否一致呢?笔者将各院系所属专业保障率相加,得出各个院系保障率,见表4-21。

表4-21 各院系保障率列表

学院	精确保障率	大体保障率	学院	精确保障率	大体保障率
人文社会科学学院	23.81%	35.29%	精密光谱科学与技术	31.43%	57.14%
理工学院	32.10%	54.01%	心理与认知科学学院	23.66%	41.07%
教育科学学院	29.72%	43.21%	软件学院	16.22%	26.58%
生命科学学院	11.32%	18.87%	学前教育与特殊教育学院	26.42%	44.34%
资源与环境科学学院	18.55%	30.04%	金融与统计学院	27.33%	44.72%
信息科学技术学院	14.89%	26.21%	传播学院	13.11%	31.97%
对外汉语学院	29.00%	46.95%	外国语学院	28.62%	44.03%
河口海岸国家重点实验室	22.79%	44.85%	国际关系与地区发展研究学院	27.52%	35.63%
体育与健康学院	20.00%	32.31%	艺术学院	4.84%	11.29%
商学院	8.75%	21.25%	公共管理学院	11.11%	11.11%

续表

学院	精确保障率	大体保障率	学院	精确保障率	大体保障率
科学与技术跨学科高等研究院	13.79%	25.86%	社会发展学院	16.67%	38.89%

将表4－21中"大体支持率"与表4－20中"较好评价率"一栏数字比较,列出博士生印象与实际受支撑程度的两条曲线。详见图4－5(注:部分未参与受访与2012年没有征引文献记录的院系未参与比较)。

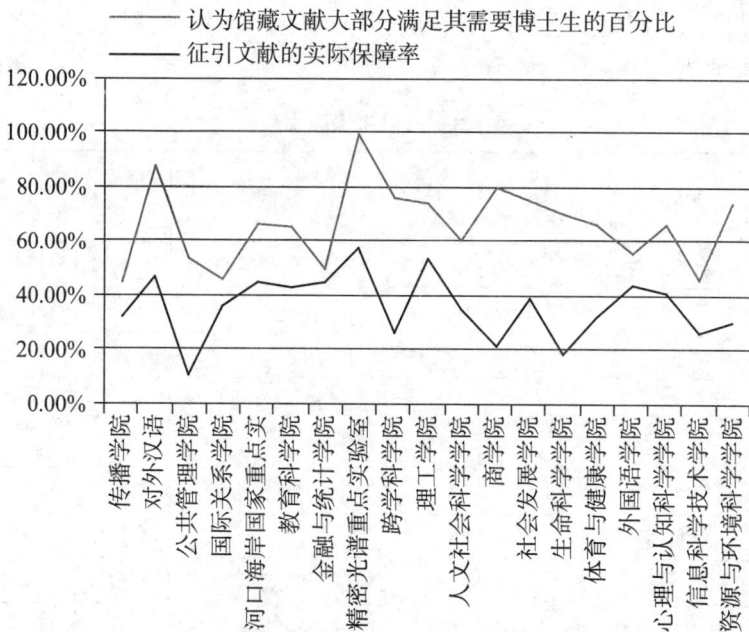

图4－5　部分博士生心理预期与实际支持度比较图

从图4－5可见,征引文献被满足的实际百分比普遍低于认为馆藏外文图书大部分满足需要的百分比。较多受访者对图书馆外文馆藏持肯定态度,但写论文的时候,大部分外文资料还是得从馆外找。

4.7 问卷所见问题、意见和建议

4.7.1 馆藏资源的问题所在

问卷针对无法从征引文献数据看出的问题而设,主要是对读者与外文图书有关的信息进行调查。其一是各种资源类型的缺乏程度。问卷列出读者常用的资源类型,让读者根据重要性用阿拉伯数字从小到大进行排序,累加后的序号得分数字越小,表示排名靠前,文献越重要,反之排位靠后。将所有序号进行统计,得出表4-22。

表4-22 本校外文资源各形式类型的重要性

资源类型	专著	期刊	学位论文	学术报告	报纸	会议论文	工作记录
序号分	2059	2356	2771	3255	3435	3291	3586
重要性	1	2	3	4	6	5	7

从馆藏的内容类型上看,研究者意见可以综合成表4-23。

表4-23 外文资源内容类型的重要性排位

内容类型	研究著作	原始数据、资料	教材	语言学习材料	流行读物
序号分	893	955	1654	1981	2288
重要性排位	1	2	3	4	5

同时,博士生所认为本校各种类型外文资料缺乏程度如表4-24。

表4-24 外文资源缺乏类型排位

资料类型	专著	期刊	电子资源	学位论文	学术报告	会议论文	报纸	工作记录
序号分	2059	2356	2675	2771	3255	3291	3435	3586
排序	1	2	3	4	5	6	7	8

从表 4 - 24 中可以看出,研究专著是博士生最为需要的外文文献,也是最为紧缺的资源。

博士生对外文图书语种的需要度可见于表 4 - 25。

表 4 - 25   外文资源的语种排序

语言	英语	日语	德语	法语	韩语	西班牙语	意大利语	俄语
序号分	668	3608	3666	3821	4011	4031	4128	4203
需求排序	1	2	3	4	5	6	7	8

从表 4 - 25 可见,除英文外,日语和德语资料也应该成为采选人员注意的对象。实际上,本次征引文献中出现了 98 种越南语文献,而华东师范大学图书馆无一收藏。近年华东师范大学招收了一些越南留学生,其博士论文引用了一些越南文献,当然,这些资料在他们本国应当可以查到。但随着华东师范大学开放程度的增加和地缘政治研究的深入,周边国家小语种文献的收藏需要逐渐提上议事日程。

4.7.2   研究者的习惯

本次调查还对博士生使用外文图书的习惯进行了访问。对获取外文图书的方式进行征询,仍以上述原则将研究者的选择列入表 4 - 26。

表 4 - 26   华东师范大学博士生获取外文资源的途径

途径	从图书馆数据库中获得电子书	到图书馆借阅	自己购买或下载	使用图书馆的馆际互借服务	使用其他图书馆
序号分	1123	1146	1430	2011	2543
选择排序	1	2	3	4	5

从表 4 - 26 可见出,纸质资源仍与电子本并驾齐驱,但使用电子资源已成为博士生的首选,新一代研究者的习惯正在养成。调查还发现,40.21% 的受访者"经常"从网上下载资源,48.25% "偶尔"下载,10.31% "从不"下载。若存在电子本与纸质文本并存的情况,则有

54.02%的人选择纸质文本,43.56%选择电子本。究其原因,38.35%的研究者是因为存取、打开方便而选择电子书,17.32%的人则是因为不要每次跑图书馆而选择电子书,47.01%则是因为纸质文本感觉比较舒适而选择。调查请求读者列出经常购买和下载图书的网站,108个网站被列出。图4-6列出了下载、购买次数较多的网站。

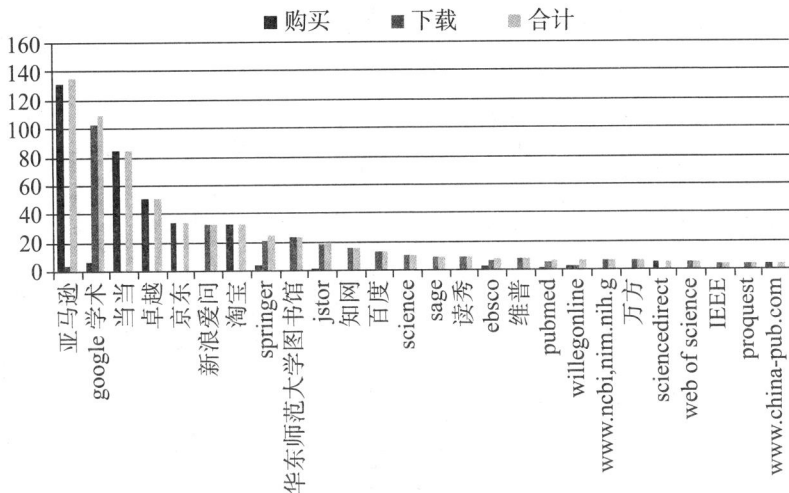

图4-6 华东师范大学博士获取外文资源的网站

调查还对研究者与本馆外文图书采访行为之间的部分关系进行了统计。表4-27是读者荐书方式的倾向性。

表4-27 博士生所知所喜的荐书方式

	电话	email	较熟的老师	图书馆采编部	图书馆荐书系统
为研究者所知的荐书方式比率	4.74%	35.05%	12.16%	7.01%	32.16%
为研究者所喜的荐书方式比率	4.95%	26.80%	6.19%	1.86%	42.27%

可见图书馆荐书系统和负责人邮箱是采访人员应该重点利用的方式。

调查请博士生推荐了一些荐书方式,对此进行整理后情况列入表 4 - 28。

表 4 - 28 博士生推荐的部分荐书方式

分组	方式	推荐次数	分组	方式	推荐次数
馆内设定	网上推荐	3	馆内设定	公共网页、公共数据库	7
	图书馆主页	1		海报	1
	网上系统中操作	2		荐书墙	1
	思勉荐书系统	1		荐书系统	1
	设荐书专栏	1		将国外网站的书录复制到图书馆	1
	图书馆首页链接、专栏	2		可将需购书目贴在图书馆门口	1
	专门开辟一块版块推荐书籍	1		借阅处登记	9
	专门配一个网页	1		根据借阅量与频率补充	3
	在图书馆网页上登荐书的信息	1		留言簿、留言本、推荐登记笔记本、意见本、张贴栏、卡片,或者直接到管理人员哪里填写	1
	按类别、年限、作者建立资源库并备摘要	1		电子屏幕显示最新书目	1
	图书馆开通专页,定期荐书	5		展板、画报	1
	推荐购书目录	1		每月新书推荐会	1
	随手荐书平台	3		书展	1
	公共栏	2		通知栏	8

续表

分组	方式	推荐次数	分组	方式	推荐次数
信息技术	微博	24	院系协同	各学院不定期将全部推荐书目总结	1
	微调查	1		向教师同学询问、向老师反映	1
	微信	23		点对点、院系对院系	3
	APP 消息推送	1		导师定期荐书	1
	bbs	4		导师和学生讨论之后拟定书单	1
	email	40		到各院系询问、给各系书单、通知	2
	书信	3		请某一领域的资深教授推荐	1
	qq	7		上门介绍	1
	电话	4		统一组织,如由班级推荐	1
	调查	2		在每个系张贴荐书信息	2
	新浪爱问	2		宣传页或开展专题宣传活动	1
	各大购书网站、Google、豆瓣网、当当网、亚马逊,follow the top	1	其他	优秀作家	1
				杂志	1
	短信(群发)、message、飞信	22		校园新闻	1

　　博士研究生推荐的方式中,属于馆内设定被推荐 62 次,院系协同 18 次,属于信息技术的被推荐 134 次。外文图书基本上是"用户驱动"型,读者的推荐意见对采访人员至关重要,表 4-28 给我们提供了渠道,有利于我们加强跟研究者的联系。

4.8 结论和一些需说明的问题

通过对 2012 届博士论文征引外文图书的统计与比对,可了解图书馆对学校教学科研的支撑力度,确定今后的工作方向。笔者归纳如下:

(1)博士论文征引总量中,外文图书只占有十分之一强的位置,在数量上不占大比重。但通过调查可以看出,外文图书是外语文献最为重要的资源。对以文科为主的院校而言,这一点具有普遍性。与数据库和外刊的集中购买方式相比,外文图书采选需要长期用力,属于用户驱动型,华东师范大学图书馆应该注意邮件和华东师范大学图书馆的荐书系统,同时吸收信息新技术成果。

(2)统计发现华东师范大学图书馆外文图书总体上仅能在一定程度上保障本校最高层次的教学科研,研究者还要搜集近四分之三的外文图书,采访人员任重而道远。

(3)华东师范大学图书馆外文文献的出版社、出版时间分布与研究者的需要大致吻合,读者对图书馆外文文献资源有较积极的评价,但馆藏文献总体上只能小程度保障最高层次的教学科研,虽然近几年外文图书总量和覆盖范围有所扩大,但在外文文献需要急剧增长的形势下,保障率比之十年前还是呈下降趋势,外文文献采访工作应强调精准服务,增强与博士研究生的联系。

(4)从大致保障率和出版情况来看,华东师范大学图书馆基本上能够选取有较高学术声誉出版社的图书,出版物的时段选取也比较合理,大多博士生对外文馆藏持肯定评价,但文献出版社范围还是远远小于研究人员所需。

(5)统计发现,纸本仍是华东师范大学图书馆支撑科研的主要文献形态,但从数据库中获取文献已经成为博士生的首选。下载、购买电子文本已成为研究者的习惯。当前电子图书的购买还是采取打包方式,被动购取,外文图书实现单本 PDA 采购已经成为当前的紧迫任务。

　　本章从专业需要度、使用频率和效果方面对未来保障重点的专业进行了探讨。权重分的设置可为外文采访的同人提供一点启示。需要说明的是,本研究只是建立在对一届引文数据的基础上,样本量不足,有偶然性存在。这个工作最好能够持续数年,以得出更有普遍意义的结论,同时检验采访工作的改进状况,使之对实际工作有所促进。另外,华东师范大学图书馆新系统引进时间不长,书籍的借阅数据只能说明部分问题。馆藏文献也只有部分有经费来源和书商数据,仔细分析供货商方面的问题尚有待时日。研究中提出加权分值的算法,定有不妥之处,特在此向广大同行请教。

参考文献

[1] 华东师范大学图书馆藏书发展委员会.馆藏文献调查报告[R].上海:华东师范大学图书馆,2002.

5 中文电子图书供应形势调查

电子图书是十几年来的热门话题。电子书节省空间,便于使用和管理,是理想的文献资源形式。以适当的电子书代替纸本,实现资源转型,是图书馆文献资源建设的理想模式。相当长的时期内,国内电子书采购一直受发售方式的限制,电子书馆配业务仅限于包库购置,图书馆被迫购买许多不需要的资源,没有选择权,无法实现电子书的自主选购。这一问题严重影响了图书馆的文献资源转型和发展。

近年来,国内供应商一直在中文电子图书销售方面进行新尝试,各种电子书单本销售平台不断出现。当当网、京东、亚马逊相继推出数字馆、京东电子书刊、Kindle 电子书店等各种平台,主要针对个人用户发售电子书。国内主流馆配平台方面,北京人天书店"畅想之星馆配中文电子书平台"2014 年 4 月正式发布,第 1 期《中文电子书目录》上线[1]。2015 年被称为电子图书元年[2]。2016 年 4 月,浙江省新华书店集团的开放式纸电相融馆配服务云平台——"芸台购"上线[3]。同月,湖北三新文化传媒有限公司正式推出"田田网"订购平台,为各高校馆提供电子书的单本订购服务。2016 年 5 月,厦门外图集团有限公司"知识宝"(HyRead)云阅读也推出台版电子图书。

中文电子书的单本发售将是决定图书馆未来发展趋势的关键因素。它会逐渐撬动数据库与纸本书馆配商的利益原有的格局,将图书馆电子书业务从多方掣肘的窘境中解脱出来。文献资源建设的实践工作者对此密切关注,迫切需要理论的总结和指导,以认清形势,及时应对。但目前,图书馆理论界缺乏相关研究,采访工作任由形势摆布,这种情形不利于图书馆界把握先机,赢取主动。

5.1 研究综述

本章论述内容属于纸电配合操作中的平台获取问题。馆配电子书的购买在国外开展得比较顺利,理论界已经有很多成果。大部分研究者都认为纸本书和电子书之间需要配合与协调,各种探索都在此基础上展开。例如,三角研究图书馆网(The Triangle Research Libraries Network,TRLN)与牛津大学出版社(Oxford University Press,OUP)研制出一种电子图书采访新模型,实现纸电联合,使图书馆和出版社在所需学科范围研究性专著方面实现互利和可持续协调[4]。国内也有相关讨论。有研究者对超星、方正 Apabi 收录的电子书进行详细对照,并将书目与社会科学类纸书标准书目进行了比较[5]。有人对太原科技大学的强势学科纸本与电子书的使用情况做了对比,说明二者的互补效果[6]。还有人从上海大学图书馆 2010—2014 年中外文电子书和纸书的入藏与利用数据入手,从纸本与电子本的学科使用、经费比例、成本方面进行对比分析,阐述高校馆纸本书与电子书协调发展的必要性[7]。

在平台电子书获取状况研究方面,与本章相关的研究可分为两个方面:一是获取时间。纸电不同步往往是困扰图书馆员最大的问题。美国国家信息标准组织(National Information Standards Organization,NISO)在一系列工作中促使电子书的相关方面协作互动,促成电子书与纸质的同步使用[8]。Asai 对 2010 年日本最流行小说榜单作品的介质进行分析,发现日本小说电子图书与纸质本的不同步情况并初步分析了原因[9]。国内有研究者也对日本数字出版物的时滞问题进行了探讨[10]。二是电子平台的获取性能研究。研究者对不同介质图书获取平台的特征进行比较,以期制定出适合图书馆与读者需要的方案。Moulaison 等对传统图书供应商和电子书供应商两个平台(Coutts' OASIS 和 Smashwords)提供的某主题的小说进行对比,以此窥探不同平台图书供应重点[11]。圣何塞州立大学电子图书获取项目(The

Ebooks Accessibility Project）对当前学术馆使用最主流的电子书平台的获取情况进行评估，发现各集成商或出版社平台的特征，让供应商能够了解用户最关切的特征并进行修正[12]。

总体而言，国外电子图书的推广比较顺畅，学界对电子图书的探讨也比较深入。图书馆理论实证性比较强，因国内电子书的推广不很顺利，所以理论界的相关探讨也相对滞后。目前，国内研究对纸电配合分析有如下趋势：一是介绍、阐发国外理念，认为用户驱动购买电子书的方式能将经费花在实用资源上。它将是馆藏建设的重要策略。二是侧重于方向性指引，对比纸电文本的不同特征，说明二者协调的必要性。但论述较为笼统，对二者的配合在何种时机、程度下操作，缺乏准确、细致的分析和描述。其三，平台研究方面侧重数据库的对比，比较对象集中于超星、书生之家、方正 Apabi、爱如生等数据库。也有涉及图书馆自建平台[13]和电子书商务平台研究[14]，但关注单本电子书馆配的论文很少。其中有研究者对全国 90 家核心出版社进行过调研，考察出版方对单本电子图书的出版意向[15]。有研究者对浙江新华公司芸台购平台的技术特征、功能与应用做了介绍[16]。这两篇文章涉及馆配单本电子书，未涉及平台内容。当前也有研究者进行跨平台比较，涉及电子书包库与单买两种形式的比较[17]，但属于对两类平台优缺点的概括性介绍和建议，并没有对平台内容做仔细的实证分析，对国内单本电子书时滞问题也没有专门的讨论。

2015 年，有研究者指出，出版社即使销售数字化电子书，其技术模式、营运平台没有特别针对机构用户的采购行为、技术平台、传播利用模式等进行设计，即使有些图书馆利用馆配平台采购了一些电子书，但其规模极其有限，没有结构性意义[18]。三年后的今天，图书馆的需要看来仍未被充分考虑。图书馆的资源建设经费、物理存储空间压力越来越大，迫切需要实现资源和运作方式的转型。购进电子资源，节省物理加工所需人力物力，才可以进行特藏收集、整理，才可以更好地投入其他服务项目；让渡存储空间，才能实现空间再造。目前图书馆正在推行的各种运动，实际上都与电子书购置业务相关。合理的电子书购置方案不仅是一个资源建设方式的变革,也是事关图书馆发展全局的关键之一。图书馆需要以主动的姿态,扶持、引导当前单本电子图书发售趋势,使之契合图书馆发展需要。国内电子图书的使用情况与国外有所不同,不能照搬国外经验做笼统对接,需要调查当前国内电子图书的实际形势,从具体数据进行实证性分析,用确切的数据说话,设计切实的纸电配合方式,逐渐开创中文电子图书供给新局面,推进图书馆工作的开展。这是本章的研究的着力点和意义所在。

5.2　研究目标、方法、思路与过程

5.2.1　研究目标与方法

本章目标是通过三类平台数据的对比,分析当前单本电子馆配平台的供应情况,设计相应的解决方案。要调查的问题包括:各供应商、出版社电子图书单本发售的数量与选中情况如何,比之包库电子书时效性怎样,出版社电书、纸书发售时滞情况如何,图书馆在电子与纸质版本之间如何安排购买顺序与复本?本章研究的重点在于各平台电子图书供应的时效性。因为与包库书巨大的体量优势相比,时效性才是馆配商单本发售书的最大看点,才是解决资源使用问题的关键。

研究拟采用书目比较法,实现四类书目的比较:包库发售电子书(下文称"A"类)书目、单本馆配类电子书(下文称"B 类")书目、面向个人用户平台的电子书书目(下文"C"类)、纸质选中书目。从服务对象看,前两类属于馆配商书目,第三类目前属非馆配书目。比较重点在 B 类书目的学科类型、出版情况、功能类型等方面。

5.2.2　实施思路

5.2.2.1　样本选择

目前 A 类电子书供应商有书生之家、超星、方正等公司,其中超星

的市场占有率和产品使用情况比较靠前[19]。此处选择其中一家作为代表。B 类中浙江新华、湖北三新、北京人天公司等是比较大的中文纸本书供应商,已有相当数量的电子书,中图易阅通平台、网易云阅读也有中文电子书[20]。本章选择其中三家作为对象(下文称"B1""B2""B3")。为尽可能全面反映目前馆配中文电子书与纸本关系,文中会将 B 类三家书目进行合并分析。同时,为反映 C 类非馆配平台的情况,从京东、亚马逊、当当网中选择有代表性的一家作为对象①。

　　电子书是新生事物,纸电配合的讨论须以纸本资源为基础和参照,而纸本问题的探讨须与馆藏书目相结合。因为馆藏目录有复本量、借阅次数的记载,比之单纯出版社书目,便于掌握借阅情况。也只有在了解使用数据的基础上,才能较为实际地讨论纸本与电子本的配合问题。华东师范大学图书馆致力于学术性馆藏的收集,人文社会科学的图书种类较为齐全,文献利用情况有一定代表性。所以笔者选择其作为纸本书的代表,从中抽取样本。

5.2.2.2　数据获取

　　因华东师范大学图书馆系统设置问题,无法实现借阅数据的回溯以输出同一馆藏分时借阅数据。笔者采取如下办法:以图书入藏日期距笔者导出信息日期的时长确定该书所属时段和入藏年数。将同一书种各馆藏借阅次数归并,得到书种借阅次数,除以图书入藏年数,得到每种图书年均借阅次数。将图书入藏时段按一定时距划分,统计不同时段图书借阅次数,以此代替同一书种不同时段的借阅次数。这种做法会因书种个性不同而存在误差。但一般而言,出版质量达到一定程度的图书才能被选中。一定时期内,层次较高出版社相同功能类型的图书质量也相对稳定。笔者选择的时段跨度较长,馆藏纸本和数据库书目条数都达到六位数。样本量大,可尽可能地减少误差。同时,

---

　　①　为避免不必要的麻烦,笔者声明上列公司名称、书序与文中编号不相对应。

考虑到电子书获取的便捷性,在计算纸本每种书借阅次数时并不考虑馆藏的校区分布。

同时,笔者无法逐一查询平台上每种电子书的发售日与对应纸本出版日之间的时距。若平台没有标注,采取如下办法:默认出版日期为电子本发售日期。用笔者统计日期减去纸本出版日期,以其时距确定该纸本电子版所属时段。再将相同时段图书进行汇总,总结其各种属性。因为单本电子图书是近几年的事情,所以选择 2010 年以后的电子图书数据作为样本。

5.2.2.3 项目设置

除设置出版社、出版时间、学科类型项目外,本章增加"功能类型"项。高校馆与公共馆文献资源建设重点不同。高校馆侧重图书的资料性、研究性、教学性。研究性图书为当前理论探索和教学提供参考,资料性图书为后来研究提供原始数据,教学参考辅导性图书为培养人才服务。同时,高校馆用户需要高层次的文艺休闲读物陶冶情操,开阔眼界,达到寓教于乐的目的。不同层次的读者,对文献功能的需求不一样。添加功能属性统计,可以更好地了解资源的读者适应性。本章从文献功能角度出发,对选中的 B 类文献每种书目进行功能标记,最后归类统计,判定平台产品的功能特点。

5.2.3 数据的收集与整理过程

本章的研究从 2015 年年底开始,分为四个阶段:

(1)2016 年 1 月至 2017 年 2 月,分三个时段整理华东师大图书馆 2000 至 2017 年入藏纸本图书数据,归并同一书种下不同馆藏的借阅数据,得出每种书的年均借阅数据等信息。因为图书编目数据迟于订购数据,又因为寒假休息的关系,截至 2017 年 2 月的纸质编目数据实际应属于 2016 年年底出版的纸书。

(2)2017 年 3 至 4 月,整理 B 类平台电子书书目信息并进行归并、查重,计算分析上书时间与出版时间的时滞。

（3）2017年4月，整理A类中文图书数据库中的图书信息。A类数据库的订购工作实际在2016年年底已经完成，2017年没有新增图书，故实际数据截至2016年年底。

（4）2017年5月，整理针对C类个人用户的平台数据，然后进行数据的分析。

各平台数据格式不同，整理过程中一律整理成同种格式，以利于比较。例如，日期一般采取"－年－月－日"格式，并视需要确定精确度。对A、B类的比较，只需要到月；对C类的统计，则需要精确到日。有些数据无法提供精确到日，则统一以每月的1日作为出版日期。同时，笔者无法在同一时刻登录并同时完成所有系统数据的输出工作，各平台图书种数和纸本借阅次数的截止日期存在一定时差。但如果样本量比较大，执行相同标准，目的是预测发展趋势，则这些数据大致可用。

对书目的比较，先后进行两次匹配。先比较ISBN，因为一般情况下国际标准书号是图书的唯一识别标记。早期图书没有ISBN的，则做综合字段信息比较，著者、题名、出版社、出版年各字段信息都一致的才算同种图书。这样就需要对以上字段信息进行统一。除出版日期的统一外，其他工作简列如下：

（1）修正书目的字体，改繁体为简体。

（2）去掉著录形式（著、编、撰情况）信息，有两个以上著录者，只保留第一个。

（3）统一出版社信息。包括纠正书目讹误，将出版社简称改成规范全称，统一改制、重组前后出版机构的名称。图书如果属于联合出版，只统计第一个出版社。

以上两种方法都无法匹配的，则视为不匹配的无效数据。同时，书目中有字段信息缺失的，尽量从各种数据源查找补足，无法补足的，也视为无效数据，以排除干扰。

5.3 数据及其分析

5.3.1 总体数据

笔者登录华东师范大学图书馆数据库(获取时间:2017 - 04 -10),整理出 A 类公司中文电子书目 1 236 834 条(如无特别说明,本章下文"书"或"图书"均指内地版中文电子图书),其中出版时间在 2010年 1 月 1 日以后的 138 545 条;登录华东师范大学图书馆系统(获取时间:2017 - 02 - 18),整理出 2010 年至 2016 年华东师范大学图书馆中文纸质书目 205 616 条,A 类与华东师范大学图书馆纸本书匹配 6990条,占比 3.4%。笔者又从 B 类供货商获取图书数据 281 470 条(数据截止时间:2017 - 04 - 10)。其中 B1、B2、B3 所能提供的条数分别为214 500、54 275、12 695 条,经过查重后,获取不重复书目 214 950 种,经过查重匹配,与华东师范大学图书馆匹配书目 30 626 种,占纸质书比重的 14.9%。C 类数据情况详见 5.4.4 小节。

5.3.2 A、B 类数据比较

将出版日期介于 2010 至 2016 年 A、B 两类书目进行对比,得到两者的重复条目 3147 条,占 A 类同期数据的 2.27%,占 B 类的 1.11%,重复比率很小。这说明重复性不成为购买包库书与单本书的障碍,图书馆购置 A 类产品后,仍然可买 B 类产品。

5.3.2.1 出版社状况

据国家新闻出版广电总局网站数据,2010 年总局登记出版社 581家[21],2016 年 584 家[22]。A 类公司 2010—2016 年间图书涉及出版机构 582 家,B 类为 553 家。所有出版机构 2010 至 2016 年间以 A 种形式供书 113 818 种,以 B 种形式供书 194 071 种。看来包库公司业务范畴几乎涉及所有出版社,而尝试发售单本图书的出版社数量稍少,但 2010—2016 年间 B 种单本图书总量大于 A 类包库图书总量。

笔者曾对各出版社 2010 至 2015 年间为华东师范大学图书馆供书的出版社进行过统计,发现前 150 家出版社为华东师范大学图书馆提供了 74.1% 以上纸本图书[23],属于华东师范大学图书馆纸书的"核心出版社"。以此为基础进行统计,发现 2010—2016 年间 A 类公司这前 150 家出版社提供书目 50 688 条,B 类这前 150 社提供 100 242 条。这表明核心社供书数量单本书也超过了包库书。

现将核心社前 60 位产品在 A、B 类公司的书种情况整理成表 5 - 1。

表 5 - 1　2010—2016 年部分出版社包库、单本发售电子书数量比较表

出版社	量 A	量 B	出版社	量 A	量 B
科学出版社	254	147	广西师范大学出版社	8	551
中国社会科学出版社	5	4807	作家出版社	162	1300
社会科学文献出版社	788	20	复旦大学出版社	1440	1754
北京大学出版社	4088	904	译林出版社	146	472
清华大学出版社	215	4437	江苏文艺出版社	423	411
人民出版社	207	99	南京大学出版社	623	574
中国人民大学出版社	57	3532	武汉大学出版社	1449	834
高等教育出版社	110	15	中央编译出版社	1077	2352
商务印书馆	30	315	上海三联书店	2	151
法律出版社	23	772	中信出版社	165	249
上海人民出版社	1089	1227	上海译文出版社	150	20
经济科学出版社	18	324	上海文艺出版社	186	180
上海古籍出版社	276	709	中国政法大学出版社	257	1046
中华书局	17	601	经济管理出版社	953	11
浙江大学出版社	1908	6371	中国经济出版社	1662	1051
人民文学出版社	158	281	三联书店	0	80
知识产权出版社	12	136	上海交通大学出版社	1447	1488
北京师范大学出版社	31	1461	长江文艺出版社	77	452

出版社	量A	量B	出版社	量A	量B
文物出版社	108	0	东方出版社	503	442
云南人民出版社	589	2390	南开大学出版社	264	1098
上海社会科学院出版社	168	719	重庆出版社	665	1562
暨南大学出版社	14	1872	中国传媒大学出版社	417	1209
中国金融出版社	6	9	文化艺术出版社	291	238
九州出版社	207	264	世界图书公司	85	76
厦门大学出版社	454	561	花城出版社	179	618
外语教学与研究出版社	555	583	民族出版社	152	26
光明日报出版社	523	833	宁夏人民出版社	528	3089
中国法制出版社	231	1891	中国财政经济出版社	396	2619
中国文史出版社	315	548	华东师范大学出版社	0	713
上海外语教育出版社	7	52	江苏人民出版社	404	667

表5-1中纸本书供书量前60位的出版社中A类供书26 096种，B类供书55 175种，仍是B类图书数量领先。相同出版社图书两种模式的发售数量不一，有些甚至差别很大，例如中国社会科学出版社、中国人民大学出版社等，A类方式只出现几种至几十种，但B类产品就出现几千种。对这种情况进行统计，发现A类方式售书量大于B类的出版社为19家，B类大于A类的为41家。这表明大多数出版社更倾向于以单本方式发售图书。

5.3.2.2 时段供书情况

将A、B两类书目与华东师范大学图书馆纸本书目进行配比，华东师范大学图书馆有纸本的，说明该电子本适合华东师范大学图书馆馆藏，即为"选中"。将选中书目从统计日期往后逆推，分为1年、2年、3至7年等时段，统计两类方式各时段提供电子书种数，得出表5-2。

表5－2　2010—2016年两类电子书分时种数比较表

时段	2016－04 — 2017－04	2015－04 — 2016－04	2014－04 — 2015－04	2013－04 — 2014－04	2012－04 — 2013－04	2011－04 — 2012－04	2010－04 — 2011－04
A 总数	1	1530	5369	10 689	26 803	31 550	37 896
B 总数	711	19 216	26 109	29 236	26 781	23 022	20 226
A 选中	0	175	681	1082	1208	878	1337
B 选中	1003	4134	5363	5997	4288	3053	2440

表5－2显示,A类供书量在2013年之前均超过B类,2013—2016年的数量一直大大低于B类。在选中数量上,B类在2010—2016年间远超A类。也就是说,在2013—2016年内,包库书无论是总量还是选中数量上,都比不上单本书。

5.3.3　B类方式数据

对B类三家公司单本书目数据进行归并整理,得到214 950条不重复的数据。以下从出版状况、学科分类、功能属性方面进行分析。

5.3.3.1　出版机构

对选中书目的出版机构进行计算(联合出版的,只统计第一个出版机构,下同),将B1、B2、B3中有出版机构信息书目的数量列入表5－3。

表5－3　三家单本发售公司合作出版社情况表

公司	电子书出版社数量	图书选中种数	纸本前150位的出版社选中种数	纸本前150位有电子书供应的出版社数	纸本前150位有电子书选中的出版社数
B1	540	959	422	144	42
B2	322	9018	7664	109	89
B3	378	3296	3035	131	103

从合作出版社数量看,B1 有 540 家,数量遥遥领先;从书目选中数量看,B2、B3 的数量超过 B1。华东师范大学图书馆供给纸本图书的前 150 位核心出版社,B1 有 144 家,数量也领先,但有选中书目的出版社数量却远低于 B2、B3。这说明 B1 覆盖面比较广,而 B2、B3 的书更适合高校馆配。同时,三家公司的业务方向和重点不一样,出版社的合作伙伴不一样,这可能与合作关系中信赖度、销售利润分配有关,说明出版方目前对单本电子书的发售策略不一致,平台商能够争取更大的合作空间。

对有效书目进行合并去重,得到不重复图书 30 506 种,统计前 30 位出版社的可供情况,仍分 7 个时段进行统计汇总。

表 5-4　本馆部分纸质书核心社单本电子书种数时段分布表

出版社	2016-04 — 2017-04	2015-04 — 2016-04	2014-04 — 2015-04	2013-04 — 2014-04	2012-04 — 2013-04	2011-04 — 2012-04	2010-04 — 2011-04
科学出版社	0	0	0	0	1	1	1
中国社会科学出版社	328	855	807	686	397	222	102
社会科学文献出版社	0	0	0	0	0	2	1
北京大学出版社	0	3	3	1	5	6	44
清华大学出版社	0	0	76	116	47	17	30
人民出版社	0	0	2	3	16	3	2
中国人民大学出版社	55	185	230	162	110	89	116

续表

出版社	2016-04 — 2017-04	2015-04 — 2016-04	2014-04 — 2015-04	2013-04 — 2014-04	2012-04 — 2013-04	2011-04 — 2012-04	2010-04 — 2011-04
高等教育出版社	0	0	0	0	1	0	0
商务印书馆	0	0	0	7	21	14	24
法律出版社	0	0	8	23	55	25	52
上海人民出版社	25	61	128	184	129	53	38
经济科学出版社	0	0	0	1	18	37	17
上海古籍出版社	6	99	102	94	62	56	34
中华书局	0	4	85	44	14	0	1
浙江大学出版社	2	154	209	210	214	222	123
人民文学出版社	15	16	6	13	8	17	26
知识产权出版社	3	13	15	2	0	1	2
北京师范大学出版社	7	146	124	78	74	24	20
广西师范大学出版社	0	3	21	74	42	43	35
作家出版社	18	147	66	76	38	76	66

出版社	2016-04 — 2017-04	2015-04 — 2016-04	2014-04 — 2015-04	2013-04 — 2014-04	2012-04 — 2013-04	2011-04 — 2012-04	2010-04 — 2011-04
复旦大学出版社	0	2	5	111	98	78	68
译林出版社	21	26	22	68	23	5	2
江苏文艺出版社	0	1	28	34	12	11	10
南京大学出版社	4	38	66	22	7	2	2
武汉大学出版社	2	2	24	39	82	40	2
中央编译出版社	37	167	195	160	74	93	39
上海三联出版社	4	9	10	5	1	0	6
中信出版社	0	3	9	32	22	8	14
上海译文出版社	0	3	1	0	1	0	0
上海文艺出版社	14	33	8	11	4	6	1

　　表5-4只能反映出版社某时段图书供应量,其占该社适配纸书出版量的比率需要另外显示。兹将电子书总量排在前20位的出版社按表5-4方法分时段,再把各时段图书数与该社华东师范大学图书馆年均纸本数进行对比,将百分比数据列入表5-5。

表5-5　部分出版社电子本、纸本分时段比例表

出版社	年均纸书种数	半年	一年	二年	三年	四年	五年	六年	七年
中国社会科学出版社	1244.9	3.1%	29.5%	68.7%	64.8%	55.1%	31.9%	17.8%	8.2%
浙江大学出版社	393.3	0	0.5%	39.2%	53.1%	53.4%	54.4%	56.5%	31.3%
中国人民大学出版社	566.0	0	9.7%	32.7%	40.6%	28.6%	19.4%	15.7%	20.5%
中央编译出版社	250.4	0	14.8%	66.7%	77.9%	63.9%	29.5%	37.1%	15.6%
上海人民出版社	498.5	0	5.0%	12.2%	25.7%	36.9%	25.9%	10.6%	7.6%
中国政法大学出版社	219.7	0	8.6%	32.8%	36.0%	81.9%	54.2%	12.3%	2.3%
作家出版社	317.3	0	5.7%	46.3%	20.8%	24.0%	12.0%	24.0%	20.8%
北京师范大学出版社	350.0	0	2.0%	41.7%	35.4%	22.3%	21.1%	6.9%	5.7%
暨南大学出版社	156.1	0	10.2%	71.1%	42.3%	65.3%	51.2%	25.6%	30.1%
上海古籍出版社	426.3	0	1.4%	23.2%	23.9%	22.1%	14.5%	13.1%	8.0%
上海社会科学院出版社	163.1	6.7%	57.0%	55.2%	55.2%	64.4%	25.1%	4.3%	0
宁夏人民出版社	105.3	0	12.3%	63.6%	73.1%	53.2%	92.1%	57.9%	23.7%

续表

出版社	年均纸书种数	半年	一年	二年	三年	四年	五年	六年	七年
复旦大学出版社	308.7	0	0	0.6%	1.6%	36.0%	31.7%	25.3%	22.0%
云南人民出版社	184.6	0	1.6%	38.5%	43.9%	41.2%	28.2%	21.7%	14.1%
南开大学出版社	123.9	0	25.8%	26.6%	96.9%	64.6%	46.8%	11.3%	8.9%
中国财政经济出版社	105.1	0	0	12.4%	35.2%	48.5%	47.6%	59.9%	98.9%
中国传媒大学出版社	113.3	0	11.5%	40.6%	67.1%	49.4%	33.5%	46.8%	24.7%
西南财经大学出版社	78.7	0	12.7%	62.3%	76.2%	39.4%	77.5%	52.1%	49.5%
中国经济出版社	209.9	0	0	9.5%	30	46.7%	21.0%	18.6%	11.4%
清华大学出版社	742.6	0	0	0	10.2%	15.6%	6.3%	2.3%	4.0%

从表5-5可以看出,半年内,只有两家(上海社会科学院出版社、中国社会科学出版社)可以提供电子书,比例为6.7%和3.1%。一年内,有三家(南开大学出版社、中国社会科学出版社、上海社会科学院出版社)电、纸比例超过25%,5家(暨南大学出版社、中国传媒大学出版社、宁夏人民出版社、西南财经大学出版社、中央编译出版社)电、纸比例超过10%,另有13家比例超过5%。相对中国内地出版社总数和高校馆适藏图书品种数,目前这个数据量非常小。通过这三家平台,一年内图书馆采不到绝大多数核心社的电子书。

但表 5 - 5 显示,超过一定时限之后,一些核心社会逐渐释放一些电子书。纸本书出版的第二至四年,是电子书发售比例最高的时段。例如第二年,暨南大学出版社电子书占到可选纸质本的 71.1% ;第三年中央编译出版社电纸比增长到 77.9% ;第四年,中国政法大学出版社电纸比增长到 81.9%。这些社对发售电子书持比较积极和开放的态度,图书馆在纸电配合方面还是可以有所作为的,这还需要进一步结合学科、功能特征分析。

5.3.3.2 学科状况

对图书选中的情况进行去重归并,按照《中国图书馆分类法》进行分类(同属几个学科分类的,只统计第一个,下同),得出图书的学科分布情况,将其列入表 5 - 6。

表 5 - 6 单本电子书学科分布表(一)

分类号	I	F	K	D	G	B	J	H	C	A	Z
图书数	7802	5104	4166	4149	3224	1907	1309	1277	840	305	135
百分比	25.5%	16.7%	13.6%	13.6%	10.5%	6.2%	4.3%	4.2%	2.8%	1.0%	0.4%
分类号	E	T	X	R	N	Q	P	O	S	U	V
图书数	126	98	33	30	19	19	15	13	12	4	4
百分比	0.4%	0.3%	0.1%	0.1%	0.1%	0.1%	0.1%	0.0%	0.0%	0.0%	0.0%

从表 5 - 6 可以看出,目前电子书供应量较多的是人文社科类图书,理工科类很少,S、U、V 分类号学科下只有几种。

为更细致地展示电子书的学科分布,按分类号字母后两位数字的标准,对图书进行分类,统计出 505 个分类号,将书目选中数与百分比情况做归类统计。部分情况列入表 5 - 7。

表 5 – 7 单本电子书学科分布表(二)

分类号	学科	数量	百分比	分类号	学科	数量	百分比
I24	中国小说	2824	9.6%	I56	各国文学	333	1.1%
K82	中国人物传记	1559	5.3%	D63	国家行政管理	309	1.0%
I20	中国文学	1252	4.3%	G21	新闻学、新闻事业	307	1.0%
I26	中国散文	1204	4.1%	F29	城市与市政经济	305	1.0%
D92	中国法律	1138	3.9%	K83	各国人物传记	290	1.0%
F12	中国经济	845	2.9%	D66	阶级结构与社会结构	271	0.9%
F27	企业经济	743	2.5%	D91	法学各部门	270	0.9%
F83	金融、银行	667	2.3%	C91	社会学	268	0.9%
G64	高等教育	529	1.8%	I71	美洲文学	261	0.9%
I22	中国诗歌、韵文	435	1.5%	F42	中国工业经济	260	0.9%
I25	报告文学	410	1.4%	B22	先秦哲学	247	0.8%
H31	英语	348	1.2%	K87	中国文物考古	241	0.8%
G63	中等教育	342	1.2%	K92	中国地理	241	0.8%
F32	中国农业经济	341	1.2%	F81	财政、国家财政	236	0.8%
K29	地方史志	338	1.1%	K28	民族史志	231	0.8%

表 5-7 中,文学类下电子书最多,有 7 个小类,其次是历史(6)、经济(6)、政治法律(4)等。中国小说、文学类别电子书比例较高,中国人物传记(K82)有时候也可以算入传记文学的类别,这与高校馆文学类书借阅率较高的情况比较吻合。但这些作品是否属文学的核心出版社的名家名作,是否真正对应借阅率高的品种,尚待考察。

5.3.3.3 文献功能类型

从功能角度将图书分为资料型、研究型、学科教学、娱乐教育、实用操作型几类,对可供电子书数量进行分类统计。其情况列入表 5-8。

表 5-8 单本电子书功能分布表

类型	功能描述	种数	小类比	大类比
学科教学	各科教材	1020	3.33%	3.44%
	各科辅导、考试、竞赛	33	0.11%	
娱乐教育	通俗读物	3327	10.86%	21.18%
	文艺类读物	1963	6.41%	
	休闲类	1196	3.90%	
研究	理论研究	19 815	64.69%	64.69%
资料	年鉴、皮书、方志、传记、回忆录等数据与资料	2130	6.95%	6.95%
操作	计算机应用、教案、法律条文	1222	3.99%	3.99%

需要说明的是,以上统计中,某书可能会兼有几种功能性质,例如黄仁宇《万历十五年》(三联书店、中华书局多个版本),既是一本历史理论著作,也可以看作文学作品,同时还可做历史系研究生的教科书。这种书的功能需从多个角度定义。一书兼多种功能,会导致统计时各属性合比大于100%,但这并不妨碍各类内部占比的统计。表5-8数据显示,可供电子书中占比最大的是研究性图书(64.69%),而实用操作性与学科教学,特别是各科辅导书所占比例很小(0.11%)。

仍然按上文时段分法,将图书分成八个时段考察各功能图书不同时间的分布(注:为体现引进类电子书的时效,表中加设"引进类"一栏)。统计发现,教辅、教材、操作、引进、通俗流行、资料、文学、研究 8 类电子书总数分别为 22、818、894、1660、1885、4044、7785、18 200 种。再将部分类别电子书各时段数量除以类别总数,将其百分比列入表 5 - 9。

表 5 - 9　各时段单本电子书出现比例表

时段	教辅	教材	操作	通俗流行	资料	文学	研究
半年	0	0	0.4%	0.3%	0.5%	0.1%	0.6%
一年	0	2.2%	2.5%	2.4%	3.1%	2.4%	4.5%
二年	9.1%	9.9%	16.2%	8.8%	16.1%	14.6%	17.7%
三年	18.2%	24.4%	24.6%	22.8%	21.3%	20.2%	20.8%
四年	27.3%	23.7%	22.4%	23.5%	22.7%	22.9%	21.7%
五年	18.2%	17.4%	14.1%	16.9%	16.6%	17.5%	15.2%
六年	13.6%	12.1%	10.6%	12.0%	10.7%	12.8%	10.9%
七年	13.6%	10.3%	9.4%	13.4%	9.2%	9.5%	8.9%

从表 5 - 9 中可以看出,各类图书第一年的发售比例很低,第二年开始比例上升很快,仍在第三至四年比率上升到最高点。

各出版社图书的学科、功能定位侧重不同,现将各功能电子书发售较多出版社情况列如入 5 - 10,供各类图书馆参考。

表 5 - 10　各种功能类型下电子书发售量较多出版社一览表

通俗流行类	研究类	教材类	教辅类	文学类	资料类
中央编译出版社	中国社会科学出版社	北京师范大学出版社	中国政法大学出版社	作家出版社	中国社会科学出版社
中信出版社	浙江大学出版社	中国人民大学出版社	中国人民大学出版社	四川文艺出版社	浙江大学出版社

续表

通俗流行类	研究类	教材类	教辅类	文学类	资料类
清华大学出版社	中国人民大学出版社	复旦大学出版社	南开大学出版社	百花洲文艺出版社	中国人民大学出版社
吉林文史出版社	中央编译出版社	南开大学出版社	清华大学出版社	花城出版社	中央编译出版社
宁夏人民出版社	上海人民出版社	辽宁美术出版社	上海财经大学出版社	译林出版社	上海人民出版社
蓝天出版社	中国政法大学出版社	武汉大学出版社	复旦大学出版社	宁夏人民出版社	中国政法大学出版社
上海交通大学出版社	北京师范大学出版社	浙江大学出版社	中国财政经济出版社	阳光出版社	作家出版社
上海人民出版社	上海古籍出版社	中国政法大学出版社	中国法制出版社	湖南文艺出版社	北京师范大学出版社
光明日报出版社	上海社会科学院出版社	中国传媒大学出版社	江西人民出版社	云南人民出版社	暨南大学出版社
广西师范大学出版社	暨南大学出版社	中国社会科学出版社	南京大学出版社	中国国际广播出版社	上海古籍出版社
云南人民出版社	复旦大学出版社	暨南大学出版社	首都师范大学出版社	长江文艺出版社	上海社会科学院出版社
浙江大学出版社	云南大学出版社	东南大学出版社	同济大学出版社	北岳文艺出版社	宁夏人民出版社
北京师范大学出版社	南开大学出版社	重庆大学出版社	西安交通大学出版社	重庆出版社	复旦大学出版社
重庆出版社	清华大学出版社	中央编译出版社	中国水利水电出版社	人民文学出版社	云南人民出版社

续表

通俗流行类	研究类	教材类	教辅类	文学类	资料类
中华书局	中国财政经济出版社	中国国际广播出版社	格致出版社	清华大学出版社	南开大学出版社
江西人民出版社	中国经济出版社	上海人民出版社	江苏科学技术出版社	新华出版社	中国财政经济出版社
人民日报出版社	西南财经大学出版社	上海交通大学出版社	中国社会科学出版社	河南文艺出版社	中国传媒大学出版社
中国人民大学出版社	中华书局	同济大学出版社	浙江大学出版社	江苏文艺出版社	西南财经大学出版社
东方出版社	光明日报出版社	格致出版社	中央编译出版社	上海人民出版社	中国经济出版社
暨南大学出版社	上海交通大学出版社	中国财政经济出版社	上海人民出版社	上海文艺出版社	清华大学出版社

表 5-10 所列就是电子书发售较为积极的出版社,采访人员可以重点关注,按图索骥,或可事半功倍。

仍按时段分法,制定不同功能类型下各社图书发售时效表。限于篇幅,只列部分类型。先将研究性图书较多的出版社各时段电子书数量与年均纸本书量的百分比列入表 5-11。

表 5-11　研究类部分出版社电子书发售比率表

序号	出版社	年均纸书数	半年	一年	二年	三年	四年	五年	六年	七年
1	中国社会科学出版社	1244.9	3.2%	29.4%	70.9%	67.7%	56.6%	32.9%	18.7%	8.8%
2	浙江大学出版社	393.3	0	0.3%	36.9%	48.6%	47.0%	47.3%	50.9%	27.2%

续表

序号	出版社	年均纸书数	半年	一年	二年	三年	四年	五年	六年	七年
3	中国人民大学出版社	566.0	0	8.1%	28.6%	34.6%	24.2%	16.8%	13.4%	17.5%
4	中央编译出版社	250.4	0	11.2%	55.1%	59.1%	45.5%	24.8%	33.1%	13.2%
5	上海人民出版社	498.5	0	4.8%	9.4%	19.5%	28.5%	19.7%	8.4%	6.4%
6	中国政法大学出版社	219.7	0	9.1%	33.2%	31.9%	77.8%	51.9%	10.9%	3.2%
7	北京师范大学出版社	350.0	0.3%	2.3%	33.4%	27.1%	16.9%	16.9%	6.0%	5.4%
8	上海古籍出版社	426.3	0	1.2%	19.7%	19.7%	18.3%	10.3%	9.9%	7.0%
9	上海社会科学院出版社	163.1	3.7%	45.4%	44.1%	42.9%	59.5%	24.5%	4.9%	0
10	暨南大学出版社	156.1	0	9.0%	49.3%	35.2%	47.4%	41.0%	17.9%	21.8%
11	复旦大学出版社	308.7	0	0	0.6%	5.2%	31.4%	28.8%	27.2%	18.1%
12	云南人民出版社	184.6	0	2.2%	53.1%	26.5%	27.6%	28.7%	22.2%	10.3%
13	南开大学出版社	123.9	0	21.0%	25.8%	84.0%	55.7%	40.4%	8.9%	5.7%
14	清华大学出版社	742.6	0	0	2.7%	6.7%	8.9%	4.8%	7.0%	9.7%

续表

序号	出版社	年均纸书数	半年	一年	二年	三年	四年	五年	六年	七年
15	中国财政经济出版社	105.1	0	0	12.4%	30.4%	43.8%	41.8%	52.3%	95.1%
16	中国经济出版社	209.9	0	0	9.1%	29.1%	46.2%	20	18.6%	11.4%
17	西南财经大学出版社	78.7	1.3%	16.5%	68.6%	66.1%	35.6%	73.7%	43.2%	44.5%
18	中华书局	448.5	0	0	20.7%	22.5%	12.7%	3.8%	0	0.2%
19	光明日报出版社	171.5	0	11.1%	9.9%	18.7%	59.5%	28.6%	6.4%	1.2%
20	上海交通大学出版社	195.5	0	0	5.6%	14.8%	37.3%	23.5%	23.0%	11.3%

再将部分文艺类专业出版社的电子书发售时段情况列入表 5 - 12。

表 5 - 12 文艺类部分出版社电子书发售比率表

出版社	年均纸书数	半年	一年	二年	三年	四年	五年	六年	七年
作家出版社	317.3	0	5.4%	44.8%	19.9%	23.3%	12.0%	22.4%	19.5%
四川文艺出版社	76.3	0	0	2.6%	30.2%	42.0%	81.3%	81.3%	15.7%
百花洲文艺出版社	151.5	0	0.7%	13.2%	36.3%	31.0%	17.8%	13.9%	11.9%
花城出版社	125.3	0	0	27.1%	29.5%	36.7%	19.2%	14.4%	12.8%
译林出版社	300.5	0	5.3%	15.6%	9.3%	17.3%	5.0%	1.3%	0.3%
宁夏人民出版社	105.3	0	5.7%	19.9%	32.3%	12.3%	20.9%	25.6%	6.6%

续表

出版社	年均纸书数	半年	一年	二年	三年	四年	五年	六年	七年
阳光出版社	37.0	0	0	16.2%	54.1%	73.0%	100	70.3%	24.3%
湖南文艺出版社	109.3	0	0	2.7%	15.6%	43.9%	22.9%	18.3%	7.3%
云南人民出版社	184.6	0	0	13.0%	14.1%	10.8%	12.5%	7.6%	7.0%
中国国际广播出版社	46.3	0	0	82.2%	21.6%	36.8%	95.1%	8.6%	8.6%
长江文艺出版社	223.3	0	0	0.4%	1.8%	11.2%	15.7%	9.0%	9.0%
北岳文艺出版社	85.8	0	0	30.3%	37.3%	25.7%	11.7%	2.3%	5.8%
人民文学出版社	392.8	0	3.8%	4.1%	1.5%	2.5%	1.5%	3.3%	5.6%
重庆出版社	137.5	0	1.5%	10.2%	4.4%	13.1%	13.1%	11.6%	10.2%
清华大学出版社	742.6	0	0	0.5%	4.0%	3.4%	1.1%	1.1%	1.3%
新华出版社	116.0	0	3.4%	14.7%	16.4%	24.1%	4.3%	2.6%	7.8%
凤凰文艺出版社	292.0	0	0	2.7%	16.8%	10.6%	3.1%	3.4%	3.1%
河南文艺出版社	46.0	0	4.3%	23.9%	56.5%	63.0%	21.7%	2.2%	10.9%
上海人民出版社	498.5	0	0.6%	2.0%	3.8%	4.2%	3.0%	1.6%	0.8%
上海文艺出版社	214.3	0	6.5%	15.4%	3.7%	5.1%	1.9%	2.8%	0.5%

表 5 – 12 数据表明,高品质权威文艺类专业出版社,如人民文学出版社、上海译文出版社等并未进入文艺类电子书发售的前 20 位。这些出版社的图书借阅量比较大,若不能及时补充电子书,会给图书馆的服务带来不便。

5.4 讨论与分析

对以上数据进行梳理,大致分析当前中文电子书供应形势,电子书供需链各方可以从中得出一些启示。

5.4.1　包库电子书

对 A、B 两类产品比较结果显示,2010 年以后,电子书无论是图书总量、核心社供书量、选中量,还是年度供书量,B 类产品都已经超过了 A 类,数据库独大的旧局面已经被打破。若要获取出版新增电子书,B 类方式是更好的选择。电子书供应量居前 60 位的核心出版社中,有 49 家的更加倾向于 B 类发售方式。另有调查显示,95.3% 的出版社愿以单本方式通过各种渠道向图书馆发售电子书,仅有 4.7% 愿以数据库方式向图书馆提供电子书[24]。目前数据上的差距,加上出版社意愿,可以看出两类发售方式今后的发展前景。图书馆电子资源建设可以渐次摆脱被迫打包的处境,会更多自主选择,图书馆一定要努力促进这种趋势。

A 类的优势在于往后看。由于多年经营,数据库积攒了巨大的体量,若计算单价,打包电子书价格更加便宜。有研究表明,电子格式的旧"经典"深受某些用户群体的喜爱[25],A 类图书中有很多权威社经典名作的数字版,这些图书未来还有用武之地。同时,数据库供应商若善用其图书的体量,转攻专题电子书的收集,或做图书信息揭示和内容关联,进而拓展到库间关联,为研究者提供背景、线索的追溯和学术谱系的展示,发挥"发现"系统的威力,也具有一定的学术价值。若 B 类内容上求"新",则 A 类当内容上求"专"求"全",技术上用"专"用"全"。

5.4.2　单本电子书

从表 5-6 至表 5-9 可以看出,目前单本电子书发售有两个特点:一是纸本好卖的电子书不容易得到,等纸本卖不动才发售数字化版本。二是时滞大,一年内基本不发售电子本。究其原因,应该与各类书纸本预期购买数量有关。出版社担心电子书发售或者发售过早,会影响纸质本购买量。从学科上看,理科图书时效性强,刚出新技术新操作,纸本书热卖,而一旦代替者出现,书就无人问津,电子书也很少有人看。从功能上看,学科辅导、流行性文艺作品需要量大,馆藏可能会购置较多复本。而研究性、资料性图书受众小,学术馆一般都会购置纸质本,但不会多购置复本。纸书的销售量较为稳定,电子书发售对纸质本影响不是很大。但权威社的电子本却秘而不宣。出版社要料定这些纸本会热卖,图书馆读者众多一定会多买纸本,电子本要囤积。这是一个世界性的难题,但在中文电子书方面显得特别突出。目前,出版社既不愿意把书交给数据库商,又不敢拿出来单卖,大家都在观望。电子书发售的旧局已经打破,但良好的新格局还未能成型,需要新因素的推动。

5.4.3 纸书单复本策略

在当前电子书供应形势下,高校馆应及早主动采取单纸本馆藏策略,以节省人力、物力、存储空间,主动迎接图书馆纸电协调时代。

国外电子书单本馆配比国内先进,原因之一是版权保护环境好,其二是复本政策的影响。国外图书馆纸本采取单复本政策,馆藏一般只买一本,使用量大的纸本馆藏靠缩短借阅期的办法增加利用率。无论何种图书,图书馆只买一本,出版商藏着掖着电子本也没有必要,惜售心理不突出。

国内高校馆除了加强版权保护措施外,还需要在复本政策上达成共识,积极行动。若高校馆都采取单纸本政策,纸电销售利益几乎均等,电子本发售影响纸本销售的问题不存在了,阻碍电子本流通的坚冰或许就会逐渐消融。目前国内大部分高校馆都在减复本,有些馆已经采取单纸本政策。但这种措施目前是本能、被动和权宜的,若能从利益链制衡的角度出发,站在未来纸电协调、图书馆功能转型的高度看单复本政策,形成以单纸本促进电子书发售的合力,改变出版社的观望心态,或许可加快电子单本发售速度,培育电子书发展的新局。

5.4.4 C 类数据的补充

笔者 2017 年 2 月 18 日登录华东师范大学图书馆系统,输出 2000 年 2 月到 2017 年 2 月间的馆藏借阅数据,整理出年借阅次数在 27 次以上的图书1482条。年借阅27次,意味着除去约90天的寒暑假,馆藏若是单复本的话,每10天就要流通一次,借阅率很高。将书目信息在B、C两类公司网页上进行逐条检索,发现B类书目有331条数据符合要求,C公司网上有504条。

对C公司504条匹配数据进行统计,得到纸本出版日至电子本发售日时距为半年的信息209条(含同日发售的112种、电子书提前发售的14种),占高借阅图书总数的14.1%。进一步统计发现,2013年1月1日起,华东师范大学图书馆高借阅率图书333种,C公司网站上有159种,其中电子书时滞在半年内的58种(含提前4种),同期占比17.4%。这个比率还是比较小,但比起B类公司供应商半年内鲜有电子书发售的情况,已经好很多了。从此也可看出C公司比之B公司的优势,因为利益驱动,其对电子书"时新"的追求肯定会不遗余力,这点可在一定程度上弥补B类公司的不足。

将华东师范大学图书馆高借阅率图书按《中国图书馆分类法》进行分类,统计C公司网站电子书各类别半年内可供数量,详情列入表5-13。

表5-13 C公司网站半年内高借阅率电子书学科分布表

分类号	I	O	B	T	K	G	C
馆需种数	491	292	137	137	105	95	49
网站可供数	262	16	62	25	41	22	19
纸电同日发售数	61	6	12	3	7	3	9
电子书提前发售数	7	0	0	1	2	1	2
纸电时距半年数	108	7	29	8	20	6	14
半年内电子书满足率	22.0%	2.4%	21.2%	5.8%	19.0%	6.3%	28.6%

从表5-13半年内C公司网站电子书可供情况看,文学、社会科学总论、哲学、历史排位靠前,理工科类的比例较小。可见C公司网站的优势在人文社会科学,其中文学类高借阅图书总数最多。除理工科外,网站供应比例与华东师范大学图书馆读者的高借阅率图书学科分

布情况大部分吻合。

再按功能分类,统计该网站各类电子书的可供情况,详情列入表5－14。

表5－14 某网站半年内高借阅电子书功能分布表

	学科经典	文艺文学	理论研究	教材教程	热门流行	心理激励	电脑技术	教学辅导	翻译引进
馆需总数	558	502	444	440	242	241	145	65	48
网站总数	292	269	222	83	103	103	26	27	19
纸电同日发售数	64	61	36	3	15	15	4	0	4
电子书提前发售数	13	7	11	1	0	0	2	0	1
纸电时距半年数	126	112	83	28	41	41	9	12	10
半年电子书百分比	22.6%	22.3%	18.7%	6.4%	16.9%	17.0%	6.2%	18.5%	20.8%

从表5－14可以看出,各学科经典、文艺文学、理论研究、教材教程几类是高借阅纸质书的主要部分,C网站的供应重点与此不完全相同,其教材教程类、实用性的电脑技术类供应比例比较少,但其他情况也比较吻合。

C类图书的发售对象是个人用户,但它们已经有过为图书馆提供电子书的案例。亚马逊中国2016年9月7日宣布,Kindle与8家合作者共同为四川和云南两省22所农村小学捐建Kindle电子图书馆,每所Kindle电子图书馆将配备50台电子书阅读器以及由出版社捐赠的500余本少儿类电子书[26]。宁波诺丁汉大学推广指尖上的阅读项目,首次推出6台Kindle供学生免费借阅[27],后续还有多台Kindle Oasis投放[28]。从管理角度看,Kindle电子书需用指定阅览终端,尽管有PC

版,但注册和同步设置等会给读者和借还管理带来不便,这可能会阻碍它们在馆配行业的发展。不过它们取得电子书快速发售权的能力是毋庸置疑的,主流馆配商借鉴这种模式的经验,或图书馆与他们直接合作,可能会给图书馆单本电子书供应带来新的发展机会。

5.5 结论与展望

通过对几类平台电子图书发售情况的比较,本章可得出如下结论:

(1)从数据可以看出,近六年来,包库发售电子书在新增种数上没有超过单本发售电子书。如果需要近几年的电子图书,图书馆应尽量考虑单本购买的形式。

(2)目前主流馆配商单本方式发售的电子书无法与纸本同步,绝大多数图书一年内无法采到电子本。从学科分类和功能类型上看,人文学科、研究性图书的电子本比较容易得到。部分出版社会在纸本书出版一年后逐渐发售纸本书的电子版,但核心出版社态度比较消极。纸本销量越好,电子本发售就越晚。对于多年被包库方式束缚的图书馆,能够在电子书购置方面有一定自由,已是一个解放。尽管数据库垄断电子书的格局已被打破,但良好的新格局还没有形成。图书馆应该以主动姿态投入,积极引导电子书市场发展方向,除加强版权保护措施外,还可以采取首次购进单纸本的政策。一方面为电子书时代的到来做好准备,另一方面从销售利润方面消除出版方电子书囤积待价的必要性。

(3)面向个人用户的公司能提供一些高借阅率图书小时滞的电子本,可在一定程度弥补主流馆配商的缺陷。但目前它们要进入馆配领域,尚有一定困难,后续如何发展还有待观察。若这种模式能够适应图书馆使用要求,图书馆会有更多选择。目前主流馆配商也应该与这类平台接触,吸取其快速取得热门图书销售权的经验。

本章大致勾勒出当前中文电子书市场的供应框架,指出当前高校馆可以"单复本+"策略应对目前形势,渐次减少图书复本,减轻各方压力,逐渐实现图书馆资源与运作方式的转型。其论述可为文献资源建设者提供切实的操作办法。更重要的是,目前电子书市场新旧格局转换中,买方图书馆需要达成共识,以恰当的复本政策向市场传递信息。唯其如此,才可以发挥图书馆的力量,逐渐消除卖方惜售电子书的基础,培育市场的良好格局。同时,本章关注个人定位平台电子书运作方式与高校馆的契合性,触及热门图书电子发售时效问题,这个关键问题一旦解决,其他问题可以迎刃而解,中文电子书也就会迎来真正的春天。因为本章涉及数据较多,只能做宏观罗列,无法对相关内容进行详细论述,挂一漏万之处,留下不少缺陷。后续研究若进行,则可朝以下方向展开。

(1)可对各类平台做专门、仔细的分析。具体而言,可以对单买电子书馆配平台数据进行分析,比较各平台数据的获取特征,选取最适合的平台。也可对面向个人用户供书的平台与面向机构用户供书平台进行比较,配合抽样问卷等方式,分析两种平台的互补与配合前景。对个人定位平台运营方式、利润分配方案的考察,也可以为馆配商提供有益的参考。

(2)已经以 PDA 购置方式购置中文电子书的图书馆,可以展开相应的调查分析,获取相应的点击(借阅)数据,分析读者的使用体验与偏好,同时与包库电子书、纸本进行比较,进而调整文献采访策略,为出版社和供应商提供参考。

(3)分析各出版社对三种不同方式发售电子书的态度,辅以纸本书订购方式、外文电子书发售模式的考察,对单本电子书发售模式做出预测和估计。

参考文献

[1] 北京人天书店有限公司.人天畅想之星《中文电子书目录》第 1 期正式上线[EB/OL].[2017 - 07 - 27].http://www.rtbook.com/news/newsdetail.aspx?id = MjY2Mzk = .

[2] 李晓.人天书店集团董事长邹进:2015 年,是图书馆电子图书的元年[N].新

华书目报,2015 – 01 – 09(A16).

[3] 北京汉图恒业图书公司.纸电相融开启馆藏业务新时代[EB/OL].[2016 – 04 – 24].http://www.bjhtcm.com/cbzy/zhzx/201604/245189.html.

[4] Swindler L. New Consortial Model for E-Books Acquisitions[J]. College & Research Libraries,2016, 77(3):269 – 285.

[5] 许继新,吴志荣.社会科学类中文电子图书数据库馆藏学术性书目对比分析[J].图书情报工作,2013(11):69 – 72.

[6] 原小玲.中文纸质图书与电子图书互补原则实证分析——以太原科技大学图书馆为例[J].晋图学刊,2011(3):28 – 30.

[7] 唐守利,等.高校图书馆电子图书与纸本图书协调发展研究——以上海大学图书馆为例[J].现代情报,2016(6):113 – 118.

[8] Lagace N. Improving E-Book Management, Discovery, and Access:Two New NISO Initiatives Get Working[J]. Serials Librarian,2016, 71(3/4):155 – 157.

[9] Asai S. Format Choice for Popular Fiction Books in Japan[J]. Publishing Research Quarterly,2016,32(2):75 – 83.

[10] 李常庆.日本数字出版物发展的"滞后"与近几年的举措[J].出版广角,2014(1):53 – 56.

[11] Moulaison S H, Brendler B M, Kohn K. Intersectionality in LGBT fiction[J]. Journal of Documentation,2017, 73(3): 432 – 450.

[12] Mune C,Agee A. Are E-Books for Everyone? An Evaluation of Academic E-Book Platforms' Accessibility Features[J]. Journal of Electronic Resources Librarianship,2016, 28(3):172 – 182.

[13] 张磊.基于元数据整合的图书馆电子书阅读平台[J].图书馆杂志,2015(11):13 – 17.

[14] 孙洁.当当电子书平台研究[D].南京:南京大学, 2016.

[15][24] 肖婷,张军.中文电子书馆配研究——基于全国90家出版社的问卷调查分析[J].图书馆学研究,2017(15):22 – 27.

[16] 郑琪.基于读者荐购策略(PDA)的云服务平台架构研究——以"芸台购"云服务平台为例[J].图书馆学研究,2016(23):27 – 37,91.

[17] 仲明.面向图书馆的电子书服务模式与服务平台研究[J].新世纪图书馆,2017(7):43 – 46,85.

[18] 秦俭.大学图书馆文献资源建设数字化趋势与出版社的应对[J].出版发行

研究,2015(9):92-94.

[19] 邱均平.我国电子图书数字图书馆建设现状的调查分析[J].图书情报工作,2014(5):22-28.

[20] 中国图书进出口(集团)总公司.中图"易阅通"国际数字资源交易与服务平台正式启动运营[EB/OL].[2017-09-14].http://www.cnpubg.com/news/2013/0828/17734.shtml.

[21] 国家广播电视总局.2010年全国新闻出版业基本情况[EB/OL].[2018-06-29].http://www.sapprft.gov.cn/sapprft/govpublic/6677/303.shtml.

[22] 国家广播电视总局.2016年全国新闻出版业基本情况[EB/OL].[2018-06-29].http://www.sapprft.gov.cn/sapprft/govpublic/6677/1633.shtml.

[23] 段双喜.供应商书目评价一隅——基于华东师范大学图书馆2010—2015年的部分数据[J].晋图学刊,2016(6):60-68.

[25] 职珂珂,刘华.同题名电子书与纸质书借阅比较研究——以上海大学图书馆H类、I类为例[J].图书馆建设,2017(6):46-52.

[26] 杨晓芳.亚马逊再启Kindle"书路计划"[J].中国出版,2016(18):79.

[27] 邵巧宏,胡敏.有腔调!大学图书馆开借Kindle[EB/OL].[2017-07-22].http://qjwb.zjol.com.cn/html/2016-03/11/content_3290523.htm.

[28] University of Nottingham Ningbo China. Kindle Oasis available in Library (09/05/2016) [EB/OL].[2017-07-18].http://www.nottingham.edu.cn/en/library/news/2016/kindle-oasis-available-in-library.aspx.

6　纸电配合的准备：学术馆中文馆藏单纸本策略

目前主流馆配商单本方式发售的图书无法做到与纸本同步，绝大多数图书一年内无法采到电子本。从学科分类和功能类型上看，人文学科、研究性图书的电子本比较容易得到。部分出版社在一年后逐渐发售纸书的电子版，二线社态度较为积极，而权威出版社态度比较消极。纸本销量越好，电子本发售就越晚。对于多年被包库方式束缚的图书馆，能够在电子书购置方面有一定自由，已是一个解放。尽管数据库垄断电子书的格局已被打破，但良好的新格局还没有形成。图书馆应该以主动姿态投入，积极引导电子书市场发展方向，除加强版权保护措施外，还可以采取首次购进单纸本的政策。一方面为电子书时代的到来做好准备，另一方面从销售利润方面消除出版方电子书囤积待价的必要性。

面向个人用户的公司能提供一些高借书小时滞的电子本，可在一定程度弥补主流馆配商的缺陷。但目前它们要进入馆配领域，尚有一定困难，后续如何发展还有待观察。若这种模式能够适应图书馆使用要求，图书馆会有更多的选择。目前主流馆配商也应该与这类平台接触，吸取其快速取得热门图书销售权的经验。

笔者以为当前高校馆可以"单复本+"策略应对目前形势，渐次减少图书复本，减轻各方压力，逐渐实现图书馆资源与运作方式的转型。其论述可为文献资源建设者提供切实的操作借鉴。更重要的是，目前电子书市场新旧格局转换中，买方图书馆需要达成共识，以恰当的复本政策向市场传递信息。唯其如此，才可以发挥图书馆的力量，逐渐消除卖方惜售电子书的基础，培育电子书市场的良好格局。本章详细讨论这个问题。

6.1 对单纸本政策的重审

复本政策是图书馆文献资源建设的基石之一。相关论述以吴志荣先生的论文为代表，内地版图书价格相对便宜，所以复本较多。国外图书价格较高，为节省经费而采取单复本，但需要一系列的配套措施[1]。在实践上，复旦大学图书馆近年中文纸本采购执行了单复本政策，但大部分高校馆还在奉行多复本政策。而随着田田网等的上线，单复本的纸本政策具有更进一层的意义，值得馆藏建设者重新审视。

6.1.1 纸本不可轻弃

"藏""用"是图书馆收藏文献的两大目标和任务。电子书使用方便，数字阅读当前已成时尚。但相关研究认为，数字阅读量的增加不一定意味着纸质文献利用率的下降，更没有撼动纸质图书阅读的地位[2]。研究者在浙江大学进行过专门调研，发现当前国内大学生对纸本书的依赖性依然很强。当问及电子书是否会取代纸本书时，绝大多数被调查者表示纸本书肯定不会被取代，纸质书和电子书各有千秋，互补共存。近90%的被调查者希望能同时购买纸质书和电子书。若图书馆只能选择一种图书载体，与仅购买纸本书相比，被调查者在仅购买电子书方面表现出了更强烈的反对态度[3]。

目前没有人或机构能够证明电子本图书比纸质本更具可靠。娱乐消遣休闲型阅读可在碎片化时间浏览电子书，学者也可用电子本检索，但真正专深精博的学者决不会只停留在检索水平，必须精读文献，反复揣摩，随时翻阅。资料性、研究型纸质本一旦缺乏，若电子本获取不够稳定，就只能借助馆际互借之类的合作方式，会给读者造成很大不便。在这种情况下，高校馆——尤其是学术馆"藏"书的责任不可放弃。目前，华东师范大学图书馆宁可采取比较保守的态度，对研究型馆藏——特别是资料数据性文献，保存一个纸本，用以确保本校研究者能得到可靠的研究资料。

6.1.2 主动赢得余地的策略

2010 年至 2014 年,高校馆馆均纸质文献资源建设年度经费依次为 259 万、252.5 万、250 万、243.1 万、263.8 万元[4],维持在比较稳定的水平。根据国家新闻出版总署的数字,2010—2015 年间,全国图书定额总价的年度增长幅度依次为 9.8%、13.6%、11.3%、8.9%、5.8%[5]。经费稳定,但定价总金额在不断上涨,图书馆只好降低复本来缓解压力。电子书易于检索,将来势必还要挤占一部分经费。"纸电同步"越快,纸质复本率就下降得越快,最终会达单一复本这一极值。

但这样降低复本是被动的。与其被逼推动,不如及早主动调整,利用单复本的优点,为未来留存较大的调整空间:或适当增加纸质品种,或购置高价大套图书,或购置其他类型资源——如外文图书和数据库。网络环境下特藏图书将成为高校图书馆的生命线[6]。特藏即要求将某一领域所有文献收集齐全,需要很大的经费和存储空间。电子书便于使用和管理,可将使用量较大但非重点保障方向的实用性图书逐渐转为电子文本,而将精力与空间转向专业性特色纸本的全面收藏,以达成"藏""用"的平衡。

6.1.3 操作预测:一年效应

笔者分别于2016 年 1 月 1 日、7 月 1 日和2017 年 2 月 8 日三次导出华东师范大学图书馆 6 年的入藏数据,统计年入藏量、有借阅记载的馆藏数和年均借阅量4.5 次以上的馆藏数,计算年均借阅量在 4.5 次以上的馆藏数与年入藏总量的百分比。其数据见表 6 - 1。

表6-1　馆藏借阅情况分时对比表

登录日期	入藏时段	2016-02 — 2017-02	2015-02 — 2016-02	2014-02 — 2015-02	2013-02 — 2014-02	2012-02 — 2013-02	2011-02 — 2012-02
2017-02-08	入藏种数	54 128	50 896	61 538	54 438	53 391	48 447
	年借4.5次以上种数	2685	4674	5703	3703	3508	4214
	比率	5.0%	9.2%	9.3%	6.8%	6.6%	8.7%
2016-07-01	入藏时段	2015-07 — 2016-06	2014-07 — 2015-06	2013-07 — 2014-06	2012-07 — 2013-06	2011-07 — 2012-06	2010-07 — 2011-06
	入藏种数	46 321	63 980	57 134	51 597	50 363	48 550
	年借4.5次以上种数	1954	12 889	13 021	13 675	19 758	19 608
	比率	4.2%	20.1%	22.8%	26.5%	39.2%	40.4%
2016-01-01	入藏时段	2015-01 — 2015-12	2014-01 — 2014-12	2013-01 — 2013-12	2012-01 — 2012-12	2011-01 — 2011-12	2010-01 — 2010-12
	入藏种数	53 951	58 319	54 371	54 329	48 109	44 753
	年借4.5次以上种数	3330	10 547	13 541	14 555	19 626	23 731
	比率	6.2%	18.1%	24.9%	26.8%	40.8%	53.0%

　　华东师范大学图书馆目前普通图书借阅期限为2个月,除去寒暑假时间,一般图书每年流通的时间大致为9个月,平均每个可出借馆藏可流通4.5次。从表6-1第三列数据中可看出,入藏一年的馆藏借阅次数达4.5次的图书百分比在5%上下;超过一年,这个比率会有较大提升。也就是说,如果借阅期限为2个月,则第一年需要购置多

复本的图书不超过 5% 。馆藏借阅中存在"一年效应"。

本书第五章表 5 - 5 显示,超过一定时限之后,一些核心社会逐渐释放一些电子书。纸质本出版的第二至四年,是电子本书发售比例最高的时段。例如第二年,暨南大学出版社纸电比上升到可选纸质本的 71.1% ;第三年中央编译出版社增长到 77.9% ;第四年,中国政法大学出版社增长到 81.9% 。可以发现,时效因素是制约电子图书发售的主要问题。

笔者曾对 2010—2014 年间华东师范大学图书馆纸本书订单进行统计,得出为本馆提供中文纸本书的部分核心出版社[7],又选取第五章中 B 类三家书商中的某一家,登录其平台"征订管理"模块,进入"选书"栏,统计该平台所能供应的电子本情况①。抽取纸本核心出版社的 36 家,将其年均纸本数量与 B 类(单本电子书馆配)平台所供电子书数进行比较。其结果如表 6 - 2。

表 6 - 2　部分核心社 B 类某平台可供电子书数与华东师范大学图书馆
采进纸质本数分时段比较表

出版社	年均纸本种数	B 类某平台所能提供的电子本种数				
	2010—2014	2016 - 01 — 2016 - 06	2015 - 07 — 2016 - 06	2014 - 07 — 2015 - 06	2013 - 07 — 2014 - 06	2000 - 07 — 2013 - 06
科学出版社	1356.7	0	0	0	0	0
清华大学出版社	1219.3	2	2	615	910	2054
中国社会科学出版社	1089.7	3	82	631	324	195
社会科学文献出版社	903.83	0	0	0	0	0

① 登录时间:2016 年 7 月 1 日。

续表

出版社	年均纸本种数 2010—2014	B类某平台所能提供的电子本种数				
		2016 – 01 — 2016 – 06	2015 – 07 — 2016 – 06	2014 – 07 — 2015 – 06	2013 – 07 — 2014 – 06	2000 – 07 — 2013 – 06
华东师范大学出版社	789. 17	2	4	1	2	76
北京大学出版社	677. 17	0	0	2	1	641
人民出版社	625. 67	0	0	0	0	0
法律出版社	612. 67	0	0	1	0	2
经济科学出版社	538. 67	0	0	0	0	0
商务印书馆	492	2	5	12	7	21
中国人民大学出版社	457. 83	0	1	165	67	44
中华书局	385. 83	5	7	84	95	79
上海人民出版社	381. 5	0	0	0	0	0
人民文学出版社	348. 33	0	0	0	0	0
知识产权出版社	344. 5	0	0	0	0	0
高等教育出版社	302. 33	0	0	0	0	0

续表

出版社	年均纸本种数 2010—2014	B 类某平台所能提供的电子本种数				
		2016 - 01 — 2016 - 06	2015 - 07 — 2016 - 06	2014 - 07 — 2015 - 06	2013 - 07 — 2014 - 06	2000 - 07 — 2013 - 06
上海古籍出版社	280. 67	0	0	0	0	0
作家出版社	278. 17	0	0	0	0	0
浙江大学出版社	273. 17	1	15	16	9	1445
复旦大学出版社	256. 67	0	0	32	37	419
广西师范大学出版社	232. 33	0	16	43	53	151
长江文艺出版社	228. 2	0	1	0	1	5
北京师范大学出版社	227. 17	0	0	0	0	0
世界图书出版公司	226. 5	0	0	0	0	0
三联书店	215. 5	0	0	0	0	0
中国经济出版社	214. 67	0	0	0	0	0
译林出版社	212. 14	0	0	0	0	0
经济管理出版社	210	0	0	0	0	0

续表

出版社	年均纸本种数	B类某平台所能提供的电子本种数				
	2010—2014	2016-01— 2016-06	2015-07— 2016-06	2014-07— 2015-06	2013-07— 2014-06	2000-07— 2013-06
南京大学出版社	198.33	9	62	170	128	37
上海三联出版社	198.17	0	0	0	0	0
中国政法大学出版社	197.33	0	1	106	235	377
上海译文出版社	190.83	0	0	0	0	0
武汉大学出版社	178.83	0	0	56	0	0
上海文艺出版社	176.5	0	0	0	0	0
中央编译出版社	158	32	132	215	699	719
上海社科院出版社	130.17	23	104	157	161	154
总量	14 808.5	79	432	2306	2729	6419

从表6-2可以看出,16家出版社一年内只发售电子图书432种,第二年增加到2306种,增加了4倍多。再把10个纸电同步"先进"核心社(清华大学、中国社会科学、中国人民大学、中华书局、浙江大学、广西师范大学、南京大学、中国政法大学、中央编译、上海社会科学院)的电子书总数与华东师范大学图书馆该社年均采进纸本量相比,得出表6-3。

表6-3 部分核心社可供电子图书与纸本比率表

	各社年均纸本采进量	半年内电子本可供量	一年内电子本可供量	两年内电子本可供量	三年内电子本可供量
数值	4341.99	75	422	2202	2681
比率		1.73%	9.72%	50.71%	61.75%

从表6-3可以看出,一年内这些社可供电子本与年均采进量的比率为9.72%,但第二年内就达到50%以上,增加了4.2倍。这个供应比例的跳跃是很明显的。由此可看出,目前部分出版社在电子图书的供应节奏上也存在"一年现象"。

将两个"一年现象"联系起来,有利于提高单复本政策制定者的自信。即使按每个借阅期2个月的时长计算(实际上很多图书馆新书借阅周期要短于2个月),一年内,绝大多数图书的借阅率不超过4.5次,95%的馆藏采取单复本是可行的。一年后,电子本可供种类增加。当前平台一个纸质本提供5个并发数,一般情况下无须再添纸本。若无电子本,则根据需要再行添置纸质复本。未来纸电是"并存"还是"融合",单纸本提供了一个坚实基础,可使今后的购买更有弹性,切合未来发展的形势。

所以,在单纸本政策框架内,采访者进可根据电子本供给形势删减纸本种类,退可根据馆藏使用情况添加纸质复本。"船大掉头难",而减小纸本体量,就可以有更多余地。供应平台的上线,毋宁说是挑战,不如说是机会,因为它提供了更多选择的可能。无论如何选择,每种图书藏有一个纸本做支撑,图书馆就有底气。所以,对无法轻弃纸本研究性文献的学术馆而言,中文纸书单复本模式至少应该成为在前"纸电同步"时期馆藏政策的基础。

6.2 预订时添加复本

当前的高校馆所服务的对象层次不同,从专科生到博士生、博导,他们对图书馆的依赖程度和对文献类型、文献量的需求也大不一样。即使是研究性著作，有时也会有较大的借阅量。只有满足这些需求，降低投诉率，才能让馆藏转型顺利进行。这就要在订购时对高复本率图书特征有所预判。笔者于 2016 年 2 月 18 日登录华东师范大学图书馆系统，对 2000—2015 年以来入藏的所有中文纸本数据进行整理，试图对高借阅量馆藏的特征进行归纳。

国内有同行将布拉德福定律运用于"核心出版社"的测定，根据适藏出版物数量将出版社分成核心、相关、非相关三个区[8]。笔者据此思路，根据馆藏出借数量，将有借阅数据的馆藏分布划为三个区：年均借阅次数大于 27（1405 种）、介于 4.5—27（71 538 种）、介于 0—4.5（248 070 种）。第一区为高借阅区。第二区为较高借阅区。这两个区可能在第二年需要补充电子本或纸质本。第三区为普通区，无须添加复本。若入藏一年的新书借阅期缩短到 10 天，除去寒暑假，每个可出借的新馆藏一年可大致流通 27 次。新书预订时就需要 2 个以上复本的品种，主要来自高借阅区。所以，分析对象以第一区 1405 种图书为主。

6.2.1　功能属性

第一区图书之所以借阅率高，除图书内容堪称精品外，还因为其某些功能契合读者需要。例如廖良文《Б. П. 吉米多维奇数学分析习题全解》（安徽人民出版社，2015）之所以年均被借 128.48 次，应归因为其教学辅导功能。值得注意的是，一种图书功能属性可以是多方面的。如朱光潜《朱光潜谈美》（华东师范大学出版社，2012）年均借阅28 次，不仅因为这是一部美学理论名著，可供哲学、心理学、文学专业的研究生选做教材，同时，其书文笔优美，还有陶冶心灵、提高精神境界的作用。再如黄仁宇的《万历十五年》，属于历史名著，大家小书，受众较广，可做很好的普及性阅读，同时可作历史专业本科教材或者参考资料。笔者从读者需要方面区分出每种书的功能标签，然后统计标签的数量比率，以此了解读者需要的趋势。根据以上功能定位，整理出标签数据,列表6-4如下。

表6-4 部分高借阅图书功能分类比率表

类型	功能描述	种数	各小类比率	大类比率
教学型文献	各科辅导、考试、竞赛	224	15.94%	40.71%
	文科经典及其普及性阅读	202	14.38%	
	各科教材	146	10.39%	
娱乐教育型文献	欣赏性阅读(文艺)	402	28.61%	33.67%
	心理调节、励志	60	4.27%	
	休闲、娱乐	11	0.78%	
操作型文献	计算机应用	14	1.00%	5.70%
	教法教学方法论	44	4.70%	
研究型文献	理论研究	24	1.71%	1.71%

可以看出,"研究性"和"操作型"高借阅图书比例不高,但教学、娱乐教育型的图书很多,采访员应在这些文献类型中选择精品,予以添加复本。以下结合部分《中国图书馆分类法》进行分析。

6.2.2 分类号情况

对高借区1405种图书按《中国图书馆分类法》进行分类统计,排名前列的是文学类(I)、数理科学和化学(O)、工业(T)、哲学(B)、历史(K)、社会文化教育(G),占总量的百分比分别为29.99%、20.80%、9.54%、9.47%、6.91%、6.70%,共占比83.41%。对较高借阅区数据进行分类,占前6位的是文学类(I)、工业(T)、社会文化教育(G)、哲学(B)、数理科学和化学(O)、历史(K),所占百分比分别为19.29%、17.56%、10.24%、9.32%、7.98%、7.94%,共占比72.33%。可见以上六大类是华东师范大学图书馆借阅次数较多图书的集中区域。归纳这六类图书特征后运用到实际工作中,能起到事半功倍的效果。限于篇幅,下文的分析仍以高借阅图书第一区数据为基础,但不拟全面铺开,仅以 I 类和 O 类为例。

6.2.2.1　文学

　　I 大类主要对应娱乐性教育功能。421 种图书中文学作品 402 种,其中小说作品 327 种。其中古代文学作品 26 条,《诗经》《世说新语》《文选》《杜诗详注》《王维集校注》和四大古典小说,都是精注精校本。民国期间作品有 13 个题名。最受欢迎的作品为《京华烟云》(5 种)、《呼兰河传》(4 种)、《生死场》(2 种)。最受欢迎的作者是林语堂(7种)、萧红(5 种)、鲁迅(4 种)、沈从文(4 种),其次为张爱玲、张恨水、沈从文。中华人民共和国成立后作品有 128 种,全部为 1980 年以后出版的作品,多为文学精品,如《平凡的世界》《白鹿原》《活着》,也有近年轰动一时的热门小说如《盗墓笔记》。其中作品较多者依次为金庸(21 种)、余华(6 种)、王小波(6 种)、辛夷坞(6 种)、路遥(4 种)、杨绛(4 种)、莫言(4 种)、张小娴(4 种)、严歌苓(4 种)。其中青春派作家有饶雪漫(3 种)、桐华(3 种)。外国文学 150 种,其中日文 57 种、欧美 81 种。外国文学作品中,受欢迎的作品是《基督山伯爵》(4 种)、《瓦尔登湖》(4 种)和《呼啸山庄》(3 种)、《动物农场》(3 种)、《傲慢与偏见》(3 种),其次为《卡夫卡文集》《福尔摩斯探案全集》《不能承受的生命之轻》《悲惨世界》《冰与火之歌》《深夜食堂》《红字》《国境以南　太阳以西》《茶花女》《爱弥儿》《1973 年的弹子球》,都是 2 种。作品较多者为村上春树(23 种)、东野圭吾(21 种)、奥威尔(5 种)、昆德拉(5 种)、川端康成(4 种)、加缪(4 种)、大仲马(4 种)、克里斯蒂(4 种)。从总数上看,村上春树是最受欢迎的作家,作品出现 23 种,金庸与东野圭吾次之,出现 21 种。所有馆藏中,《红楼梦》出现 9 个版本,排名榜首。

　　出版古代文学较多的出版机构为上海古籍出版社(9 种)、中华书局(7 种)、上海文艺出版社(5 种)。出版现当代中国文学作品的机构为人民文学出版社(16 种)、广州出版社(12 种)、长江文艺出版社(11种)、作家出版社(9 种)、三联书店(9 种)、北京十月文艺出版社(7

种)、湖南文艺出版社(7 种)、漓江出版社(5 种)、百花文艺出版社(4 种)、上海文艺出版社(4 种)、百花洲文艺出版社(4 种)。需要说明的是,广州出版社是因为出版金庸的小说而跻身第二位的。翻译文学种数多的出版社为上海译文出版社(57 种)、南海出版公司(19 种)、人民文学出版社(19 种)、译林出版社(18 种)、上海人民出版社(4 种)、上海三联出版社(3 种)。

6.2.2.2 数理科学和化学

O 大类图书 292 种,193 条是数学类,38 条是物理类,32 条属于化学类。O 大类图书含辅导教材 224 种,是教辅文献的最重要部分,这与数理化学科高度抽象有关,现以数学类为例。这类图书借阅最多的依次为 Б. П. 吉米多维奇《数学分析习题集题解》(山东科学技术出版社,1994),华东师范大学数学系《高等数学习题与解答》(华东师范大学出版社,2010),廖良文等《Б. П. 吉米多维奇数学分析习题全解》(安徽人民出版社,2007),同济大学应用数学系《高等数学》(高等教育出版社,2002),吴良森等《数学分析学习指导书》(高等教育出版社,2004),彭舟、姬燕妮《数学分析同步辅导》(航空工业出版社,2006),年借阅次数分别为 159.04、145.45、128.48、116.18、103.20、101.25。可见这类文献需要量特别大,即使借阅期缩短到 10 天,也需要 4 个以上的复本。其主要责任者主要为同济大学数学系、陈文灯、滕加俊、张天德、周民强、丘维声、毛纲源、吴良森、焦艳芳,编撰图书种数分别有 11、7、6、4、3、3、3、3、3。出版机构主要有高等教育出版社、科学出版社、清华大学出版社、北京大学出版社、华中科技大学出版社、机械工业出版社,出版品种数分别为 51、34、23、19、13、12。

6.2.3 馆藏分配

图书馆若有多个馆区,可能需要根据馆区预设多复本。若复本数与馆藏数不一致,则需确定主次,保证主要馆区能够优先得到复本。其标准在于该书所属学科与馆区所在院系学科是否一致。为检验学科分布与图书借阅次数的关系,也要对馆藏借阅数据做分析。将馆区属性分为"学科所在区"(A)和"非学科所在区"(B)两种,将两区2005年到2008年入藏图书信息分为"有借阅记录"和"较高借阅记录"(年均借阅4.5次以上)两个层次,比较两个校区借阅种数与年均借阅数量,将其结果列入表6-5。

表6-5　校区学科分布与复本优先关系对照表

学科分类号	馆区属性	有借阅记录的馆藏数	年借阅均数	较高借阅图书数	高借阅图书年均借阅数	学科分布与优先复本馆区间的关系
K0(历史理论)	A	400	3.23	95	8.62	一致
	B	259	2.14	32	6.9	
B22(先秦哲学)	A	1515	2.32	270	6.43	一致
	B	1092	2.3	166	6.31	
I217(中国当代文学作品)	A	390	3.89	116	9.44	一致
	B	266	3.04	66	7.87	
F8(金融)	A	3317	2.45	510	8.12	一致
	B	2181	2.01	258	7.01	
O(数学、物理、化学)	A	6797	5.86	2996	10.99	一致
	B	4480	2.07	527	7.05	
G4(教育)	A	1963	3.34	503	7.7	不一致
	B	1248	5.25	569	8.96	
TP31(计算技术、计算机技术)	A	6266	4.55	2399	8.78	一致
	B	4525	3.27	1253	7.11	

从表6-5中可以看出,在7个类别的图书中,除G4(教育)类图书之外,学科所在地校区有借阅记录的馆藏数都超过了非学科所在校区。而G4之所以不一致,是因为各个学科教学论与所属专业关系密切,读者随不同专业分布在不同校区,与教育学专业所属校区不一致,

但图书编目时仍编入 G4 类,集中放置在教育学专业所在校区。除 G4 类之外,学科所在区馆藏的总年均借阅次数和高借阅区年均借阅次数都超过了非学科区。这个结果表明,学科所在区应属于优先复本区,应首先考虑分配复本或比非优先区多分配复本。若采取单复本政策,复本应当放在学科所在馆区。

6.3 复本补充机制

追加策略可大致预测哪些图书需要追加复本,但实际工作中,采访人员需要实时关注读者需求和系统馆藏记录,对不在计划之内的临时性需要予以补足。如上文所述,若缩短新书借阅期限,将入藏一年之内图书的借阅期调整为两周或者十天,可以增加图书流通次数,利于周转和调阅。此外,还需要建立另外的机制。

6.3.1 馆藏调配与调整

若随学科放置单复本图书,非学科所在区的读者若要借阅,需要到学科所在校区调配。异地调阅需要形成协调机制,最重要的是物流快速到位。目前,华东师范大学图书馆两个馆区流通部都有专门人员负责馆藏调配。读者一旦发出异地借调申请,工作人员马上找出图书,做好标记。馆里专门配置运力,图书第二天送达,读者可以到约定的地方取。若发现馆藏为某校区使用较多,两边流通部门协调后,可改变图书原来馆藏地,将其放在需要量大的馆区。若馆藏调阅工作及时,可无须多添复本。关键是要建立紧密的协作和高效的物流通道,并尽量节约运送成本。如果能保证在读者能接受的时段内送到图书,运送费用少于图书购进和保存成本,从长远来看,对文献建设还是非常有利的。

6.3.2 借阅、预约情况观察

华东师范大学图书馆 Millennium 系统为读者提供图书预约服务。读者 A 需要借阅图书,但该书处外借状态时,系统会自动拒绝前借阅

者 B 的续借,同时为 A 提供预约服务,图书归还后,A 可以优先借阅该图书。系统会为后台显示所有图书的预约情况。若图书的预约次数多,说明该书较受欢迎,需要考虑补充复本。相关人员需要每天观察预约图书情况,定期拉出馆藏借阅数据。若预约数与复本数之比高过5:1,就添加复本①。2015 年,华东师范大学图书馆共增加 11 种高预约图书的复本数量,其中包括较热门图书如南派三叔的《盗墓笔记》(上海文艺出版社,2011)、东野圭吾的《解忧杂货店》(南海出版公司,2014)、村上春树的《袭击面包店》(南海出版公司,2015)等。添加复本的机制,可较为彻底地弥补单复本政策的缺陷。

6.3.3 荐购的妥善处理

推荐图书反映读者最切实的需要,若反应及时,可减轻纸质图书预定的压力。未来电子图书的 PDA 购买模式的动力就是读者参与,纸质荐购正是吸引读者的最佳途径,若处理得当,可凝聚人力,为电子本荐购做铺垫。纸本荐购大部分业务与中标商发货节奏不一致,主要通过网购进行,到书速度快。华东师范大学图书馆自 2015 年 3 月起开始重新设置荐购处理方式,指派专门人员每天查看荐购信息,负责反馈、购买、下订、验收等工作。在正常工作日,要求 24 小时内向荐购者反馈并下单,荐购中文图书要求一周内与读者见面,最迟不得超过两周。各个环节优先处理荐购图书,实际上有些书一周之内就能跟读者见面。从 2015 年 3 月初至 2016 年 6 月底,共处理 1145 条荐购信息,购置图书 677 种。这个工作与根据预约、借阅次数添加复本共同推进,就能够解决两方面的问题。

6.3.4 获奖、榜单书目

对于"文津图书奖""茅盾文学奖""中国出版集团出版奖""老舍

---

① 此条借鉴香港大学图书馆做法,承香港大学冯平山图书馆高玉华女士见告,特此致谢。

文学奖"的图书,位列凤凰、豆瓣、新浪读书频道和当当网、亚马逊、《新京报》各大媒体的好书排行榜的图书,其学术性、思想性、艺术性较高,有一定社会反响,或属于热门书籍,借阅率会比较高,可以适当增加复本,保证每个馆区至少有一个馆藏。

　　纸电并存的前阶段,研究馆的核心馆藏仍然要实现纸质保障,最好采取单复本政策,但需要有一些补充和修正。通过馆藏分析,对借阅量较大的馆藏类型,可以从学科、功能类型、馆藏布局方面预先统计出相关特点,在图书订购时事先添加。同时,建立复本追加、调整措施,快速追加复本和调整馆藏布局,以弥补复本不足的缺陷。

参考文献

[1] 吴志荣.感悟"一个复本"——探究西方大学图书馆的办馆理念[J].图书馆杂志,2004(12):42-44.

[2] 余海宪.变革,数字环境下的纸质馆藏的发展与利用——以华东师范大学为例[J].图书馆杂志,2013(10):39-42.

[3] 王素芳,白雪,崔灿.高校学生对电子书的认知、使用和态度研究:以浙江大学为例[J].大学图书馆学报,2014(5):61-72.

[4] 教育部高等学校图书情报工作指导委员会.2010—2014高校图书馆发展概况(报告)[EB/OL].[2016-07-01].http://www.tgw.cn/tjpg/tjbg.

[5] 中华人民共和国新闻出版广电总局.新闻出版产业分析报告(2010、2011、2012、2013、2014年度)[EB/OL].[2016-07-01].http://国家新闻出版广电总局.中国/sapprft/govpublic/6676.shtml.

[6] 段双喜.数字化环境中高校图书馆特藏建设探赜[J].晋图学刊,2010(3):25-30.

[7] 段双喜.华东师大图书馆传统文科中文图书保障统计分析——基于"联合保障"的数据[J].图书馆,2016(3):47-48.

[8] 蔡迎春.基于综合分析法的核心书目及核心出版社的测定[J].图书馆杂志,2009(1):4-9.

7 数字化环境中高校图书馆特藏建设

特色馆藏建设是高校图书馆建设的重要内容。教育部《普通高等学校图书馆规程》第十条规定高校馆应"形成具有本校特色的馆藏体系",《普通高等学校图书馆评估指标》中规定"文献资源建设"要"有长期积累、独具特色的资源"。在网络环境下,高校馆特藏保存、传播承载独特历史、文化信息的文献,不但为大学的教学、科研工作提供资料支持,也将成为其未来生存、发展的生命线。这种形势下,高校馆特藏建设的确定、采访、服务等方面,也面临很多新问题。

7.1 数字化环境中特藏建设对高校图书馆的意义

在网络环境下,人类获取信息的手段和方式越来越多。检索巨人Google 与 OCLC(Online Computer Library Catalog,联机计算机图书馆中心)合作,于 2004 年底开始对美、英五所图书馆部分藏书进行数字化处理,准备在 8 到 10 年内让 Google 用户分享成果。2004 年 11 月,它推出 google 学术搜索(http://scholar. google. com)服务试用版,2006 年1 月又宣布将 Google 学术搜索扩展至中文学术文献领域,将谷歌化(Googlization)的强力扩张到国内高校馆。其他搜索引擎也进入学术领域。例如百度学术(http://xueshu. baidu. com/),融合维普、万方、和 Springer、Science Direc 等数据库,加上各公司推出的各种数字图书馆平台产品,电子图书与期刊层出不穷。随着移动互联技术的发展,我国数字图书馆已经由数据驱动、联网服务发展到移动互联驱动、综合智能阶段。OCLC 在 2006 年的一项全球调查显示,89% 的高校学生首选 Google 等网络检索引擎搜集信息资源,而图书馆的比例仅占2%[1]。2017 年调查发现首选数字阅读比例下降,纸质阅读回暖[2]。

但在数字阅读已经成为大趋势的情况下,图书馆界不得不越来越迫切地考虑纸本馆藏建设方向的问题。在检索的方便快捷上,图书馆不如互联网公司占优势。其纸本馆藏如果仅停留在普通水平,与互联网资源无异,它就将逐渐失去存在必要而消失在搜索引擎的轰鸣中。高校图书馆数字资源丰富,读者信息素养较高,利用数字资源比公共馆用户更加积极,比之公共馆,高校馆纸本馆藏建设面临的形势更为严峻。

这种情况下,致力于特色资源建设是高校馆的必然抉择。它将是网络时代数字化环境中图书馆的生命线。其原因如下:

首先,网络的共享精神和远程传输能力的增强使图书馆特藏建设成为必然。图书馆不可能也没有必要收藏所有文献,采访馆员永远要有所取舍。大部分图书馆都开通馆际互借服务,合作馆即使无法出借纸质文本,也可将文献扫描后远程传递给申请者。随着远程文献传输能力的增强和成本的降低,越来越多的用户可以享受这些服务。这样,图书馆就可避免文献的重复购置,将有限资金用来加强特色资源建设。笔者以为,未来图书馆的格局将是"特色+联盟"的形式。各个图书馆都有自己的特藏,它们都是相关领域最全面、丰富的资源,而其他馆可以不再收藏这方面的相同文献,相关借阅需求可通过远程传输等方式满足。2017年底,复旦大学、同济大学图书馆文献开始实施共享,上海东北片高校图书馆联盟逐渐变成事实。图书馆界可以成立由许多特色文献馆组成的"联盟",互借馆或联盟馆要解决彼此传输标准、接口等问题,实现无缝对接。用户可以通过"联盟"检索、获得各馆特色资源。这种分工合作的格局可以实现资源合理配置,技术上能为互联网和数字化发展趋势所支持,符合互联网资源共享的实质和图书馆理想,也照顾到文献覆盖的广度和深度,符合学术发展趋势。而特藏建设正是这一格局的基础。

其次,全球特色资源的丰富性给特色馆藏建设以可能性。世界各地自然地理条件、政治经济模式、历史传统等各不相同,形成多种社会文化和价值观念,留存了数量巨大的地方文献。无论全球化走多远,即使未来"地球村"中普世价值观和模式一统天下,这些文化将消逝,作为这些文化载体的第一手资料,地方文献会显得更加弥足珍贵。而实际上,当前全球化(Globalization)的定义已有新突破。"Glocalization(全球本地化)"这个词包含"globe"和"local"两个语素。这一提法说明全球化并非以一种价值、文化一统天下,多元价值、多元文化是并行不悖的。这有两层含义:地方文化被世界认识和接受;流行文化通过与地方文化观念的接触对它产生影响。前者是地方性的东西全球化,后者是全球化依靠地方化成功[3]。由此,作为独特文化的载体和学术研究的依据,地方文献值得珍视。

全球各地文献数量之丰富,是互联网公司不可能也不愿全部数字化的。这些搜索引擎虽然强大,但还没有到达任何信息都能覆盖的地步。无论它们眼光何其长远,其运作终究被商业利益驱动,投资必然要考虑成本。有些文献,特别是文物性文献,数字化后"赝品"价值远小于真品,激不起商家兴趣。一些文献价值在很多时候并不为人所知,出版商也不屑于将其数字化。所以,互联网公司信息罗网之间,有相当大的空白需要图书馆去填补,特藏建设在这方面大有可为。行业竞争的生存法则之一是独特性优势。只要形成我有他无的优势,图书馆就有存在、发展的理由。

再次,全球化背景下各国、各地文化遗产保护意识的增强,赋予图书馆特藏建设以责任和动力。欧洲人担心互联网公司数字化项目会造成世界上只存在英语书籍的假象,助长英语及美国在观念领域的压倒性统治地位,导致本国文化的萎缩。为了捍卫欧洲在科学、文化领域的地位,法国前总统希拉克率先提出建立欧洲联合数字图书馆的倡议,得到欧洲多个国家图书馆的支持[4]。这反映各国图书馆对谷歌化的警惕和保护地方文化的共识。2009年4月成立的世界数字图书馆势必为各地文化的交流、发展提供更好的平台,也为不同文化力量之间的博弈提供舞台。目前,世界图书馆里展示的都是各国有代表性的珍本书籍,未来数字世界中,能获得展示机会的也应是独具价值的藏品。中国文化要发挥应有的影响力,就必须在图书馆数字舞台占有一定据点和疆域。作为文化保存和传布基地的博物馆、图书馆应加强特藏建设,收藏具有独特价值的文献,高校馆也要负起一份责任。

其四,网络信息的海量与研究信息专业性的反差,衬托出高校馆特藏服务的迫切性。网络资源生产途径多、量大、速度快、可控性和规范性差,污染大、留存时间短,读者辨别、过滤、整理起来很困难,需要专门信息服务机构处理。未来科学发展的趋势是不断细化,研究者的文献需求、对信息的理解、搜索习惯不一样,他们需要有针对性的资源服务。如果特藏馆能够针对用户需要,进行特色信息的搜集、整理,或者在互联网上设置链接,把用户导引到特藏门户网站,帮助用户使用专业数据库,就可大大节省研究者时间。

高校学者云集,对专业资讯的需求远大于公共馆。高校馆要适应大学教学、科研工作需要,为重点学科建设提供文献保障,其所提供文献信息的广度和深度直接关系到科研成果的质量。没有一流的图书馆,就没有一流的大学[5]。中国要具有世界级的科研能力,就必须配备最具专业特色的文献资源。学者治学最重原始数据和第一手资料,特藏文献是学术发展之本。因此,对高校馆来说,提供专业性特藏服务,也是增强国家科技竞争力的重要条件。

所以,在互联网环境下的数字化时代,普通馆藏已经面临搜索引擎的巨大挑战,图书馆特藏的建设,可以承担起全球化背景下保护民族文化遗产、增强国家科研实力的职责,符合互联网的共享精神,符合数字化和远程传输技术发展方向,使图书馆拥有独特优势而成为未来馆藏建设的生命线。

7.2 高校图书馆特藏建设的一些思路

承重文化而轻技艺的中国传统,中国高校馆一直重视传统文献的收集,其中以文史哲文献为重,而古籍收藏尤为重中之重。目前,国内高校馆普遍以古籍为特藏文献,各馆知名度大都与馆藏古籍年代与数量挂钩,北京大学、复旦大学、华东师范大学的图书馆就是如此。

这种做法自然无可非议。问题在于,古籍不可再生,数量有限。

古籍以古为贵,真本往往价值不菲,收藏成本高,一般大学馆经费不多,专藏古籍显然力不从心。显然,我们要另辟他径来开展特藏建设。而实际上,高校馆特藏目标也不一定非古籍不可。

随着学术分工的细化和科学研究的深入,学者对数据、资料的专业要求越来越高。这就要图书馆提供有相当专业水准的文献。以古籍为特藏对象,大都以年代为标准。若要适应学科发展趋势,就要以其内部分工为准,注意专业文献的采集,以专为贵。目前,学科发展分支已相当复杂,各校学科设置重点也不相同,围绕重点学科建设,馆藏就可以突出专业特色,避免雷同。各馆还可结合本校历史文化实际,围绕一些主题搜集文献,打造本馆文献品牌。这方面,国内外图书馆已经有不少成功的经验。总的说来,高校馆目前进行专题特藏建设的做法可以分为"人物"和"事物"两大类。

以人物为专题的特藏建设,至少可以有三种选择:其一,高校学者专题。有些大学的科学家和思想家在科学文化史上很有影响力,其生平、思想、学术经历很值得研究,围绕他们的学术派别关系到科学史和思想史的一些问题。高校的优势学科研究一般也都由此传承下来,与此相关专题收藏,也可以覆盖本校重点学科发展史。复旦等高校都有本校学人著述特藏,如果将杰出学者的专著、传记和研究资料等专列,就是学者专题特藏的雏形。

其二,校友资料特藏。校友是高校建设的宝贵财富。其口述、回忆可以反映某一时段高校学校和社会发展的历史。教师的著名言论、重大事件发生时的情况、大学精神实质等都可以通过回忆录反映。校友若在一些科研领域成就斐然,他在本校的记录就更有价值。图书馆可以围绕他们建立起特藏,成就本校荣耀,也可嘉惠学林。这其实是档案馆工作的一部分。实际上,档案馆与图书馆这方面的职能基本一致。美国哈佛等大学的图书馆与档案馆就基本合二为一,档案特藏的一部分收在图书馆,行政上归图书馆领导。或档案特藏与本馆其他特藏一并归属同一部门;或将其中一个命名为档案部,专门收藏包括档案在内的本校特藏[6]。国内高校馆可以借鉴这一做法,打破行政壁垒,实现资源整合。

其三,高校所在地的名人资料特藏。我国历史文化名人极多,资料很丰富。各地公共图书馆和博物馆、纪念馆常以此建立特藏。高校馆也可以选择在学术上有影响力的名人文献作为特藏专题。收藏对象当然也包括古籍,更重要的是将后人研究资料网罗完备,提供研究便利。这种收藏还可与博物馆、纪念馆的业务相联系,互通有无,分工合作。

对本地当代名人文献,高校也可以进行选择性收藏。特藏文献要存之久远,就必须有吸引后世学人的磁力。选择者不能仅注意人物当前的地位,更要着眼于相关文献的历史、文化价值,要看他的成就是否有典型性、开创性和可持续性,是不是能对科技文化史产生影响。这种选择披沙拣金,尤需决策者的远见卓识。如"杂交水稻之父"袁隆平在解决人类最基本生存难题的过程中做出了重大贡献,后人对他和相关学科的关注应该不会中断,若有相关的特藏存世,那将是研究者的福音。当然收藏文献要尽可能全面集中,让研究者绕不过它;要以原始数据和一手资料为重,为后世提供去伪存真的基础。

以事物为专题的特藏也有很多思路。总的说来,根据学科特点建设特藏的做法也大致可分两类。理工科研究对期刊数据库的依赖性大,文献时效性强,失效也快。所以理科馆重最新数据。上海交通大学、华中科技大学等图书馆将购进国外先进数据库作为馆藏建设重要内容。当然这些校外内容不足以构成本馆特藏的核心。某些重大项目的实验数据和进程记录,一般并不全部公开披露,但具备重要参考价值,有助于展开进一步研究。它们记载着科学探索的历程,也有科学史价值。各种学术交流能使人分享到新观点、新思路,代表最新学术潮流。相关会议记录、论文摘要,显示学科研究进展,给读者提供专业借鉴。非公开发表的内部资料如预印本、回忆录、科技报告和内部刊物等反映各领域参考性成果和动态。同时,重要学科和实验室科研骨干的资料,对同行、后学有借鉴、研究价值,也可列入收藏资料之列。这是发展特藏最通行的做法,许多理工科高校的特色数据库就是这样建立的。吉林省图书馆 1999 年以来,为吉林省一汽、长春客车厂、华康药业等企业提供信息服务,按专题编辑情报,为具体技术提供专利文献和国外相关信息,为企业课题查新百余项[7]。对外服务中所积累资料专业水准高,数据准确,图书馆可以此为基础,有选择性地建设主题馆藏。将特藏建设与社会生产和需要结合,可看做是理工科高校馆特藏建设的一个方向。

文科馆多重历史文献的积累,文献随时间发展而增值。有些高校所在地区有独特的地方文化和人文氛围。高校馆可以发挥研究方面的优势,组织相关资料入藏。汕头大学图书馆立足于潮汕地区,与香港大学饶宗颐学术馆、新加坡潮州会馆建立合作,把潮汕地方文献作为其特色馆藏[8]。闽南文献包括大部分我国的台湾地区文献、海南文献,以及东南亚华人华侨文献。漳州师院地处闽南,图书馆确立纵向以漳州文献为中心、横向以闽南方言文献为内核的特色馆藏建设目标,已完成《八闽历史文化研究目录》《闽台民间信仰》《闽方言》等专题目录[9]。这些做法促进闽南文化研究,提升了该馆的品位和地位,是很成功的尝试。近代无锡名人辈出,仅钱氏一族就有很多科学名家,他们的经历是中国近代科技史的缩影。相关文献的搜集对民国科技文化史应该很有意义。再如在新兴娱乐形式的冲击下,传统戏剧文化的存留和光大,就成为戏剧工作者的重要课题。上海戏剧学院图书馆正在建设的戏剧博物馆,其实就是一个传统戏剧特藏。

当前中国社会正在急剧变革,出现一些独特现象,有些图书馆以此为收藏对象。东莞、温州等地工业发展积累了不少经验,温州市档案馆"温州模式"专题文献收集了温州市内机关所形成的档案和中央、省有关领导对温州工作的讲话、知名学者有关温州的评价、各地报刊对温州农村经济的报道与著名人物介绍[10]。工业化进程中,老城区不断消失,一些民俗文化渐成历史,很多文献忠实记录了这段变迁,如果能够能全面收集、保存,使后人能够了解和研究,也应该是尽到一份保留历史遗产的职责。国家正在抢救非物质文化遗产,高校馆也可以针对这些做一些特别收藏。

　　一些高校馆根据本校情况,建立一些很有意思也很有价值的主题收藏。美国的普林斯顿、麻省理工学院把收集师生活动记录作为本校特藏。加州大学伯克利分校收藏最多的是学生抗议文学,特别是宣传册、学生普通出版物等[11]。笔者所在的华东师范大学图书馆已收藏约一万种省、市、区、县、乡镇志和各种如教育志、地名志、文物志、民俗志、戏剧志等专业志,形成新方志特藏。我们已经收集很多校史、校志,将来准备建一个校志特藏。为了满足校内教材研究者的需要,我们购买一些外国教材,海外一些师范类的大学也赠送我们一些。上次我们剔旧时,发现一些"文革"时期英译的少儿读物,反映那时我们英语教学方面的情况,很是难得。如果条件允许,我们准备多搜集一些,慢慢可以形成一个教材特藏。

　　有历史观念的馆藏建设者可以对新鲜事物做些专题特藏。互联网普及以后,网络记载成为社会各界不能忽视的重要力量。网络评论针对现实问题而发,态度鲜明,传播迅速准确,是社会各阶层情绪宣泄的渠道,反映了一定历史时期的社会心理。网络流行语往往是对社会现象的概括和总结,精辟生动,具备社会风俗和文化史的价值。当前世界正统文学已显疲态,中国的网络文学却方兴未艾。截至 2014 年底,一共有 114 部网络小说被购买影视版权,有 90 部计划被拍成电视剧,24 部被拍成电影。据市场第三方统计,到 2015 年网络文学的产值规模能够达到 70 亿元[12]。网络文学的走向还值得探讨,但作为新生事物,它无疑发挥着传统文学的一部分功能,可以作为当代社会的写照。由此,网络记载也是记录当前社会历史现象的详尽资料,能对某一方面进行特别收藏,后来的研究者可以受益。

　　总之,高校图书馆特藏建设不一定非古籍不可,可以围绕很多主题进行文献建设。

7.3　相关问题

　　图书馆的特藏建设是系统工程,在图书采访、编目、典藏、借阅、文献传递过程中,有一系列问题需要注意。

特藏文献的搜寻中,采访人员会遇到一些特殊资料,如手稿、牛皮纸或是油印本。从版本上说,它们是一些重要文章的原版,史料价值相当高。我的同事曾经接收过一些油印本,但当时考虑到它们会给编目和典藏部门带来麻烦,就转交给相关研究者收藏。

清华大学、上海交通大学等高校馆建立了学术馆员制度,为馆藏建设提供有力保障。特藏建设则需要建立特藏馆员制度。特藏馆员必须成为特藏资料专家,确定特藏方向,吸引、搜集、辨别特藏资料。对购书经费不多的图书馆而言,确定有潜力的特藏专题非常重要。20世纪70年代,特拉文(B. Traven)的作品在欧美、墨西哥十分流行,却不被主流文学评论界认可,无人以此作为经典,研究者也不多。但美国加州大学河滨分校图书馆的馆藏发展部主任却认为特拉文的地位总有一天会被承认,并开始潜心收集其作品各种语言的版本以及一切相关书信、手稿。至今该馆的 B. Traven 收藏已经被认为是世界上最好的。

特藏馆员必须专业基础扎实,有很强的沟通和联系能力。他要甄别文献的真伪、价值的高低,要清楚特藏所需文献搜集的途径,建立起资料流通的通畅渠道[13],甚至要知道重要文献在谁手里。因为有时收藏者为了让藏品发挥更大作用,乐意过世后把它捐给图书馆。这需要特藏馆员有能力推销本馆,让捐赠者相信你们能比其他人更能充分发挥藏品的作用[14]。

图书馆要加大对特藏的宣传力度。这至少有两方面必要。其一,美国教育社会学家杰克逊(Philip W. Jackson)1968 年出版《课堂生活》(*Life in Classroom*),提出"隐性课程"的概念。图书馆是校园"隐性课程"的重要组成部分。图书馆对特藏意义、价值和使用方法的宣传、讲座,能营造一种气氛,激发师生的阅读和研究兴趣。学术史上往往有某种文献催生一门新学问的例子,19 世纪末 20 世纪初的重要考古发现——敦煌遗书、黑水城文献就催生了"敦煌学""西夏学"。对特藏的宣传有利于促进文献利用和研究的展开。其二,文献经过图书馆的整理序化后,较之自然分散的文献,效用将大大提高[15]。如果某种特藏成为某馆招牌,它往往会成为出售、捐助相关藏品者优先考虑的对象。有些收藏者希望自己的收藏能借助同类藏品得到重视,为使收藏不至流散,他们甚至情愿减价出售。所以特色馆藏要持久续航,重要条件之一就是能不断吸引同类馆藏,为人熟知对此很有好处。

图书馆可以对本馆特藏品进行专门陈列,在显眼位置专设橱窗对其进行展览、介绍,来增进了解,鼓励使用。图书馆可以建立"读书会""志愿者""图书馆之友"之类的组织,来联系学生、教师和所在地区的特藏爱好者,由此扩大影响。这些组织的成员也可因会员资格而得到一些特殊权限。例如,可以让他们借阅特藏文献而不是像一般读者那样仅在馆内使用。馆方也可以组织读者对特藏文献进行讨论,或定期邀请相关研究者进行研讨,激发进一步研究的兴趣。如果某件藏品属于捐助品,图书馆最好对捐助资料的使用情况进行统计和分析,并将结果公布或反馈[16]。让捐助人了解自己藏品在这里是否物尽其用。捐赠者往往能够提出一些建议,或许还有助于下一步捐助。

图书馆还可以建立网页来宣传、链接特藏。汕头大学图书馆 2002 年建立"汕头大学图书馆·潮汕特藏网"(http://cstc. lib. stu. edu. cn),设有"民俗风情""民间工艺""潮汕人物"等十大类[17],已经建立"侨批数据库""潮学电子书""汕头埠老街市多媒体数据库""潮汕图片数据库"等大类。香港中文大学图书馆建立"高行健特藏"并开通《高行健特藏》网页,收录相关著作、画作、评论、多媒体等,展示高行健和其作品有关的消息及活动,为研究学者和研究人员提供一个资料丰富、全面的入门网站[18]。这种做法,有力地扩大特藏的影响,也方便用户使用。

从文献保存方面看,特藏,尤其是善本古籍特藏,当然是最好被严密监控和隔绝。而从服务职能方面看,文献的使用是图书馆第一原则。顾廷龙先生有言:"图书馆之使命,一为典藏,一为传布。""传布"是"典藏"的目的。传播才有生命,图书发挥作用越大,图书馆存在的理由才越充分。馆藏不能发挥作用,势必造成公共资源的极大浪费。

古籍进行数字化是目前解决"藏""用"问题比较好的途径。一些馆员担心数字化会导致图书馆搜索引擎替代，而特藏数字化会使图书馆丧失最后一块阵地而被彻底边缘化。这个问题有待进一步分析。

高校图书馆特藏是一个生长的有机体。首先，特藏文献有书本、卷轴、手抄本等形态，纸质文本只是其中一部分。经过数字化处理的电子资源，也只是特藏资源的一部分。其次，特藏文献是一个不断生长的整体，馆员会不断搜集资料对特藏进行完善和补充。经过馆员整理、序化的新资料，所起作用往往是整体大于部分之和，会使特藏生命力增强。再次，纸质文本数字化之后，原始文献并非失去存在必要。理论上，数字化提出解决文献远程读取和使用中磨损问题的暂时办法，以方便特藏的使用，但数字化本身还有很多困难有待解决。例如，数字化文献存储介质问题，某种介质保存的数据会因为过度使用而丢失。美国洛斯阿拉莫斯国家实验室所于 2008 年 8 月成功开发一种聚焦离子束技术，在 Permafilm（永久胶卷）镀镍磁盘上蚀刻文本和图片。这种磁盘可以承受电磁辐射、极端条件下的温度以及盐水，安全地保存存储。即使数千年后，数据还可以读出来[19]。这无疑是一个令人振奋的消息。但即使数千年后这种没有丢失的数据，能否受到当时读取设备的支持也还是个问题。笔者相信人类的智慧最终能够解决这些技术上的难题。但即便如此，数字化资源对原本，终究是使用中的替代品。特藏，尤其是善本古籍特藏，绝不只是文字资料，它具有文物性质。文物具有多种价值，赝品再逼真，也不能替代它。古书的纸质、版式、装帧，甚至书上极其细微的墨渍和涂抹，都保存着不少历史文化细节而被文史工作者看重。这样，数字化并不能解决特藏的"传布"的所有问题，原本还是会有独特的保存价值。

所以，要加强特藏文献的各项管理工作，使之广为人知，以方便使用、研究，最大限度发挥其作用。

总之，特藏建设是数字化浪潮和全球化背景下图书馆发展的必由之路。高校图书馆可以根据自身需要，确定特藏专题。特藏建设过程中要解决好收藏主题的确定,以及藏品的选择、确定、宣传、数字化等问题。

参考文献

[1] Nicholas D,Williams P,Huntington P,et al. The Google generation:The information behaviour of the researcher of the future[J]. Aslib Proceedings, 2008(60) 4:290 – 310.

[2] 魏玮,贾梦雨."首选数字阅读"比例连续 3 年上升后首次下降,纸质阅读回暖,那条"狼"为何没来[N].新华日报,2017 – 08 – 09(16).

[3] 王雪茅.数字时代图书馆的新型合作模式:从区域化走向全球化[R].上海:上海交通大学图书馆,2008.

[4] 林夏. google 化(googlization)[J/OL].[2009 – 03 – 15]. http://www. calis. edu. cn/calisnew/images1/neikan/3/2-3. htm.

[5] 程焕文.没有一流的图书馆,就没有一流的大学[EB/OL].[2008 – 12 – 30]. http://blog. sina. com. cn/huanwen.

[6] 韦庆媛.美国著名大学图书馆"高校特藏"资源建设研究[J].大学图书馆学报.2007(2):88 – 92

[7][11] 吉林省图书馆信息咨询部.服务用户及成功案例[EB/OL].[2017 – 12 – 11]. http://www. jlplib. com. cn/1/xxzx1/GUESTS. HTM.

[8] 马晓晖.论高校图书馆地方性特色建设与资源共享——兼述汕头大学图书馆地方性特色建设[J].图书馆论坛,2006(1):105 – 107.

[9] 张嘉星.闽方言文献信息资源建设导说——兼论高校图书馆地方文献建设[J].漳州师范学院学报(哲学社会科学版),2005(3):117 – 120.

[10] 陈辉.特色馆藏建设研究[J].黑龙江档案,1995(4):23.

[12] 罗昕.今年我国网络文学达 70 亿产值,但什么是网络文学还是个问题[EB/OL].[2018 – 06 – 30]. https://www. thepaper. cn/newsDetail_forward_1378913.

[13] 段双喜,山顺明.特色馆藏建设与图书采访方法刍议——以华东师大图书馆为例[J].国家图书馆学刊,2009(2):75 – 78.

[14] 邱葵.特藏非古籍不可吗?——美国是如何建立特藏图书馆的[J].上海高校图书情报工作研究,2003(2):58 – 61.

[15] 黄波.数字化馆藏建设与特色馆藏数字化加工[J].新疆石油学院学报,2001

（6）：77 - 80.

［16］苏瑞竹.美国社区图书馆的馆藏建设［J］.图书馆界,2003（1）：44 - 46.

［17］臧本旭.CALIS 高校专题特色数据库建设及实践——以"潮汕文献数据库"
为例［J］.图书馆论坛,2006（3）：14 - 16.

［18］香港中文大学图书馆［EB/OL］.［2018 - 06 - 30］.http：//www. lib. cuhk.
edu. hk/sc/collections/spc/theme/gao-xingjian.

［19］China Unix.真正能够长久的存储技术分析［EB/OL］.［2018 - 06 - 30］.ht-
tp：//www. blog. chinaunix. net/uid-8546015-id-2026910. html.

8　特色馆藏建设与图书采访

图书馆特色馆藏建设,从最直接的目标看,可以为高校的教育、教学、科研工作提供强有力的资料支持;从长远的眼光看,特色文献的入藏,对于人类的历史文化发展进程,发挥着保存和记录的重要作用。加强特色馆藏建设,是高校图书馆建设的一个重要内容。

经过多年的经营,华东师范大学图书馆馆藏建设,形成自己的特色。应该说,高校图书馆特色馆藏体系的建设是一项持久的系统工程,需要多方面合作,更需要图书采访人员长期不懈的努力。对于特色图书的采访,与普通图书一样,要经过长远规划和细致安排,事先进行问卷调查,并取得资金与技术上的支持,做好书目的查重和图书验收工作。但是,特色图书的采访,又有与一般图书不同的地方,需要我们结合实际,进行深入探讨。

8.1　概念与意义

高校图书馆收藏任务,是形成与教育、教学与科研相得益彰的文献保障体系,有层次地、系统地采选教学科研专业文献,适当补充参考阅读型文献。有关研究者将这些文献划分成若干级别[1]。而从藏书目标来看,也可以将高校图书馆文献分成若干级别。第一级是娱乐性文献,供学生课外浏览,达到扩充知识、陶冶性情、寓教于乐的目的。第二级是教学性文献,满足师生的教、学参考需要,达到巩固知识,提高能力的目的。第三级是专业研究文献,可供研究者查阅,满足师生的科研需要。第四级是收藏性文献,发挥保存图书馆保存人类文化遗产的功能,体现出收藏眼光的前瞻性,在收藏价值上体现永久性。从所藏文献的被处理情况看,可以将其分为三级:第一级是原始文献,距离事实最近,属于第一手资料,没有被加工过。第二级是研究性文献,是对事实的分析、判断和推理而得出的观点。它属于第二手资料,已经是隔着玻璃看世界。第三级是一般性文献,是对各种观点的分析、比较或编辑,对于事实而言,已经是隔了好几层。

高校特色馆藏应该属于第三级文献和第四级文献。第三级与高校重点学科的关系密切,为这些学科的发展提供有益的文献支持。由于重点学科在国内外处于领先地位,所要求能够参考和征引的文献范围比较广,这就对图书采访工作提出很高的要求。这些学科历史悠久,其院系资料室非常注意搜集海内外出版的高水平的图书和具有代表性的研究成果,文献积累比较全面。文献采访人员对于本专业文献的采访也有丰富的经验。对于形成高校馆的特色馆藏而言,是一个优势。所以,图书采访人员对于本校重点学科情况,应该有一个清楚的认识。对各学科最基本的、代表本学科研究较高较新成果的学术专著要尽量搜集。

第四级馆藏是图书馆终极作用的一种体现。从最初的意义看,图书馆的作用就是保存书籍,使之传世。这种功能与现今流行的"保护文化遗产"运动有密切关系。人类文化遗产的保存和保护,主要应该是文物保护单位的职责,但高校图书馆在保存文字性资料方面也有相当的责任。关于"文化遗产"意义的界定,经过一个转变。1972 年 10月,联合国教科文组织大会第 17 届会议会议通过《保护世界文化和自然遗产公约》,并成立"世界遗产委员会"。经过多年争论,现代世界遗产体系淡化了"突出的普遍价值"之色彩,采纳非主流文化(去欧美文化)的价值观,更倾向于"多元文化主义",即强调文化遗产的地域、民族和文化上的特殊性,并于 1992 年提出"文化权"的概念,即少数族裔"发展其自身的文化"的权利,文化遗产的"特殊性"原则被承认。2001 年《世界文化多样性宣言》发表,2003 年 10 月《保护非物质文化遗产公约》被通过,最终确定文化遗产"特殊性"原则的法律地位。中国的许多文化遗产正在得到保存,相关的文献相继整理出版,这些资料中蕴含着人类学、语言学、社会学、宗教学等方面的宝贵信息,具有相当高的保存价值。由于高校图书馆科研力量比较集中,这类文献的意义更容易得到研究利用。它们也许不能马上变为科研成果,但终有一天会被发现和挖掘。在经费允许的情况下,对这些图书的购置,对于提高馆藏价值,加强馆藏特色,有着重要意义。例如,《中国水书》[2],是介绍一种类似甲骨文和金文的古老文字符号之书。水书与东巴文是世界依旧存活的象形文字,是水族先民世代流传下来的特有文字符号,被称为象形文字的活化石,2006年已被国务院列入国家级人类非物质文化遗产名录。水书是进行文字学、历史学、民族学、民俗学、语言学等多学科研究的珍贵资料。尽管此书18万一套,价格昂贵,采访人员考虑到它的资料价值,还是将其购入。

华东师范大学在传统文史类学科和教育学、心理学方面具有比较强的优势。所以馆藏以这两类特色为主。华东师大建校至今,文史类专家辈出,而治文史者尤其重古籍,故本校古籍研究和收藏的成果,在国内很是突出。所以,相比较而言,华东师范大学图书馆的特色馆藏建设,是以文史类文献为中心。其中,宋元古籍和地方文献的馆藏,是其中的重点。现在,华东师范大学图书馆收藏古籍32万多册,成为海内高校图书馆古籍收藏的大户。

现存古籍数量是不可再生的,相关机构对于古籍的整理,每年数量较少,对于图书采访工作人员而言,古籍的收藏并不能成为采访工作的重点。华东师范大学图书馆采访人员结合本校学科分布状况,确定以地方文献作为收藏重点。其中,西北地区文献和少数民族文献馆藏较全。西北地区出土文献众多,19世纪末20世纪初,中国两大考古文献发现——敦煌遗书、黑水城文献中的大部分都出自这里。近些年来,相关机构对藏于海外的文献进行影印、整理后出版,使得海内外"敦煌学""西夏学"等相关学科受益匪浅。这些史料,不但适合华东师范大学的学科构建,而且具有永久的收藏价值。图书馆迅速将这些文献列入特色馆藏计划,不但对基本文献如黑水城文献[3-4]、《中国国家图书馆藏西夏文献》[5]《中国国家图书馆藏敦煌遗书》[6]等图书悉数收藏,而且,对所有与西北地区相关的文献,特别是原始资料,都一一购入。现在,全国各大社所出版的西北地区基本文献,馆内已经大致齐全。

在地方文献中,地方志记载各地建制沿革、物产风俗、经济政治发展状况等,是正史的有益补充,对于历史、地理、经济、政治、文艺、民俗等学科,有重要的参考价值。所以华东师范大学图书馆图书采访人员,注意收藏各地地方志,包括《天一阁藏明代方志选刊》《天一阁藏明代方志选刊续编》《地方志人物传记资料丛刊》等古代的地方文献。除此之外,采访部同人大力搜集各地新修的地方志,对于 1949 年以后全国的县志、乡镇志,只要有一点线索,便千方百计尽力求得。

因此,高校图书馆的特色馆藏建设,要适应学校的学科建设,尽量收集原始资料,注意收藏文献的传世价值。

8.2　人员设置

特色图书的采购在经费预算、信息获取、购置渠道、图书验收等方面与普通图书一样,都要合理使用经费,充分利用书目、细致地进行查重、及时进行图书催缺等。但要建设特色馆藏,在图书购置渠道、书籍的选择方面也有独特的方面。

首先是图书馆采访主体的选择。由于图书采访涉及经费数量庞大,很多高校图书馆都非常谨慎,采取种种方式对经费使用、书目选择、中间商的折扣等方面进行管理,对传统采访人员负责制进行改革,形成一些新制度:①轮换制,图书采访主管人员被定期更换。②审批制,凡是欲购图书,必将书目上报,经过主管领导审批后方可发出订单。③招标制,图书馆将一定时期内的图书采集业务承包给某些中间商,双方就某些条款,特别是折扣率达成协议。

以上制度有其成功之处,实际上是牵涉一个采访主体的问题。它们对图书价格和质量控制起到一定的作用。但是它们也有弊端。采访人员不停更换,从业时间不长,来不及熟悉业务,对馆藏建设的目标不明确,不能形成适合馆藏特色的工作方式,必然对馆藏建设的连续性不利。主管领导比之采访人员,离图书采访市场较远,大宗图书的采访,书目繁多,审批手续时效性差,也非常不利于图书的现采工作。图书中间商出于牟利目的,会屏蔽无法盈利的图书信息,对于图书采购同样不利。

就特色馆藏建设而言,有一个稳定的采访团队是最重要的。馆藏建设并非一日之功,需要数年、数十年甚至数百千年的不间断努力。既然是"特色"图书,那就是一般图书馆收藏较少、普通图书市场不容易见到、通过普通流通渠道不容易搜集齐全的书。这就需要有经验的采访者熟悉馆藏需缺,处处留心。而这种经验和素养,是需要长时间的积累。倘若每买必报,处处掣肘,限制条件太多,碰到适合收藏的文献也只能望书兴叹了。所以,笔者以为,对于高校图书馆特色馆藏的建设而言,对于上面的新模式的采用,还需要慎重考虑。采取一种方式为主,其他为辅,照顾采访团队的稳定性,给予他们适当的自由,以保证文献采访的顺畅。

实际上,国内高校图书馆馆藏建设比较好的一些图书馆,都是采取传统的采访人员负责制的办法。华东师大图书馆也是如此。馆领导对图书馆藏建设形成一致性看法,对特色图书采访工作给予充分的支持。很多大型收藏性图书,是特色馆藏建设必需的,即使价格昂贵,也尊重采访部的意见,准予购入。只有书价超过一万的大型图书,经过馆长签字,其他图书,采访人员有随机处置权。文献资源建设部特藏负责人员从事采访工作30多年,是上海高校图书界最资深的采访人员,对特色馆藏建设有着深刻理解和丰富经验。部门其他采访人员,也多是从业十年以上的工作人员,各个环节的业务都很精通。这样的采访环境和团队,有利于特色馆藏的建设。

8.3 中间商

在特色图书的采访中,采访渠道和中介的选择是非常重要的环节。随着出版发行市场化运作的不断加强,目前全国图书供货渠道已形成新华书店、民营书店和出版社自办经营公司三足鼎立的局面。这为图书馆采访工作提供更多的选择。然而,各种渠道、各种中间商良莠不齐,在书目提供、图书配送等方面有较大的不同,这就要求采访人员特别注意采访渠道和中间商的选择。特色图书的采访,尤其如此。

目前,全国每年都要举行多次书展和图书订货会,届时出版社云集。这些书展集中全国几乎所有出版社一段时期的新书。这些图书大部分都是普通图书,也有一部分符合特色馆藏要求。有时,也有一些积压图书,可以补缺。对于这些,我们一般予以现采,而且要事先弄清楚参展样书是不是都有现货。如果是现货,就当场采好,立即发货。否则,就只能做一个参考。因为各地书展组织水平不一,采书效率有高下,有些书的配送时间太长,甚至时隔数年后才能到货,比订单采购还要慢很多。特色图书一般出版数量不会多,如果不是现书,配送更加不易,严重影响读者使用和下一步的采购。所以,如果不是图书非常重要而无处可寻,一般不考虑仅有样本书的情况。

书店现货补缺能保证最快地获得图书。因此,各种书店应成为特色图书补缺的首选。这类书店书目繁多,诸如包括新华书店系统的总店图书直销中心、北京图书大厦、王府井书店、上海书城,以及民营的北京人天书店有限公司、畅想书源湖北三新书店、广东科光集团等都是发展得比较好的民营书店。华东师范大学图书馆也选择一些书店,作为特色馆藏的采访基地。对于这些中间商的选择,有一些问题需要注意。其一,地域性问题。所选择的中间商必须处于特色图书流通比较方便的地区。这样有利于图书的采集和配送,保证到货率。而且,书商南北地区的分布应该比较平均,以免出现有紧急情况图书供应不上的问题。采访部门在北京、上海、南京、杭州、甘肃都有比较固定的合作伙伴,根据他们发送书目的先后和到书率制作、发出订单。其二,专业性问题。浙江的杭州书林以经营教育专业方面的图书为特色。北京的年鉴中心以经营各种地方志和年鉴为特色。北京原知识流书店的创办者李克富先生是北京大学哲学系退休教师,书店的宗旨就是为专家和学者服务。甘肃敦煌书店的经营者秦增果先生出自中国敦煌研究院,书店的定位就是搜集海内外西北地区文献、特别是敦煌文献。这些书店的经营者都有专业眼光和多种渠道,在图书搜集方面能够节省很多时间和精力。其三,到书效率问题。如果中间商能够尽早下订单,而且订单下达以后的三个月80%的书能够配送到位,那说明中间商的图书信息和供货渠道比较畅通。否则,这样合作伙伴就只能偶尔补缺,不能作为长期供应商。其四,沟通问题。中间商要能不断地与图书采访人员沟通,以改进服务。由于图书查重过程中存在"时间差"的问题,图书订购中存在重复现象[7],即使"二次查重"也很难全部也很难避免。这就需要事先与中间商订好协议,以利于重订图书的退回。物流配送图书时,难免出现错漏、拖延和态度方面的问题,这也需要中间商及时催查,避免图书丢失。在图书种类的采集、书目的制发、包裹的大小、清单的位置等细节,也都需要及时反馈,这就需要中间商与采访人员的及时沟通。

8.4 采购渠道

目前,图书采访方式有订单采购和现场直接采访两种。比起订单采访,现场采访比较直观,能够直接判断图书质量的好坏,采书效率高,到书速度比较快。所以,现采方式在图书馆采访中的比例逐渐升高。对于特色馆藏建设而言,图书现采就更加重要。而特色图书的现采,又不同于普通图书的现采。

有些特色图书当前出版,正在流通中,可以与普通图书一样,到全国各地书市和书店进行现采。但特色馆藏的所需要的大部分书,一者数量较少,二者出版较早,一般书市难以买到或者已经不再流通,只能通过一些特别的渠道加以购置。这种方法其实可以叫作"访书"。

其一是网上书店。可以通过搜索引擎,输入所需要的图书信息,查找合适的卖家,考察卖家的地址、信誉。网上商店,鱼龙混杂,泥沙俱下,目前国家相关管理法规不够健全,到网上买书一定要详细考察。若有条件,亲自到卖家去当面看货,进行现货交易。不能实地现货交易,也要看看消费者对它的评价。建议选择先到书,后付款的交易方式,等书到了,发现没有问题再付款。最好选择有实体书店的书商,这样,出现问题可以找当地工商部门解决。

其二是旧书店。旧书店经营者大都文化素质比较高,有版本方面的常识,注意收集专业性文献。他们用专门的时间和精力来开拓旧版书的经营渠道,可以为图书馆的特色馆藏做经常性补缺。北京是文化中心,旧版图书交流频繁,专业性图书也最容易搜集,有相当多的旧书店经营者。我们图书馆馆藏的很多地方志都是从北京的凌云女士、李治国先生处搜集而来。这些旧书店还有不少非正式出版物,包括手稿、油印本和自印本。店主长期分类专门搜集。文献数量可观,颇具价值。

其三是出版社的书库。出版社书库有两种书值得特色馆藏建设者留心:一是退出正常销售渠道的旧版学术图书。学术书一般销量不大,流通不久后就被搁置在仓库里无人问津。书库会定期清理旧版书,以极低的价格卖给旧书商,卖不掉就让它们长期蒙尘。第二是不进入流通渠道的书。在高校职称评定过程中有关于出版专著的硬性规定。一些作者就与出版社合作出版图书,这些书由作者自己包销,并不进入流通渠道。一些研究项目结束以后,主持方会将成果编辑成书出版,这些书一般也并不进入流通渠道。这两种图书中有些专业化程度相当高,只是没有正式出版而已。尽量收藏人类有价值的文献是图书馆的义务。所以,对于这两类图书,我们都尽量加以收入,以加强特色馆藏的建设。2008年1月,华东师范大学图书馆采访人员到中国戏剧出版社书库,搜集到一批关于古代戏曲艺术宝贵文献。同年7月,采访人员又到先后到甘肃文化、兰州大学、甘肃民族、甘肃人民等出版社书库里进行现采,得到很多西北地方图书,有些是寻访多年而没有得到的珍贵文献。

其四是文化保护单位的自办书店。一般而言,历史悠久的人文景点和博物馆、展览馆等,都会出版一些书,介绍本地人文景观的历史变迁和馆藏文物的书,主要在自办书店出售,印数较少,外面不容易买到。这两年,我们先后到江西吉安的白鹭洲、河南龙门石窟、河南博物院、敦煌研究院等地的书店,就发现其书店出售的书,不少是专业人士所著,考证精详,是有很高学术价值的历史地理文献,对于补充特色馆藏非常有益。

　　总之,高校图书馆特色馆藏建设,要与学校学科建设相联系,注意收藏文献的学术价值和原典性,争取能够收藏有传世价值的文献。在图书采访中注意保持采访人员的稳定性,注意采访渠道和中间商的选择,加大现采和访书力度,做图书采访的有心人。

参考文献

[1] 黄本华.藏书结构中几种主要成分间关系的分析[J].四川图书馆学报,1982(4):15-17.

[2] 莫善余等.中国水书[M].成都:巴蜀书社,2007.

[3] 史金波,魏同贤,克恰诺夫.俄藏黑水城文献(全11册)[G]//中国社会科学研究院民族研究所,上海古籍出版社.上海:上海古籍出版社,1996—2006;

[4] 西北第二民族学院,英国国家图书馆,上海古籍出版社.英藏黑水城文献(全4册)[G].上海:上海古籍出版社.2005.

[5] 李范文,宁夏社会科学院.中国国家图书馆藏西夏文献(4册)[G].上海:上海古籍出版社,2005.

[6] 中国国家图书馆.国家图书馆藏敦煌遗书(全150册)[G].北京:北京图书馆出版社,2005—2006.

[7] 林晓华.论高校图书采访查重工作所遇到的问题及对策[J].现代情报,2004(9):198-199.

9 特藏收集与使用调查：新时期中国教育史志文献

当代教育史志文献是介于地方志和专业志之间的文献种类。作为特色资源的一种，教育史志对教育、历史文化研究有重要支撑作用。笔者所在华东师范大学的教育、地理和传统文史学科比较突出，其中教育学于2017年9月进入教育部"双一流"建设学科名单。为了促进这些学科的发展，图书馆多年来十分重视对教育史志文献的收集，相关馆藏已有一定规模。对此进行梳理总结，不仅有利于文献收集工作的继续推进，也有利于相关人员对文献的认识和利用。

9.1 概念与定义

教育史志文献是各级教育机构运行过程的情况记载。这是一个多层次、多侧面的概念。从行政层级上看，可以将其分为国家级和地方级。地方教育史志是指非国家、非中央教育机构层面教育信息的文献记载。从载体上看，可分为纸质本和电子本。纸本书大部分是正式出版物，而部分则没有取得书号，属于自印本，还有一些甚至是油印本。从出版频率看，可分为连续出版物与非连续出版物。后者包括各级各类教育志和校史志等，出版时间不定。前者主要是指各类年度报告、皮书、年鉴和校友通讯，定期（一般是每年）出版。其中既有图书，又有报刊。从书刊初次出版或印刷时段上看，可将1949年年底以前初版的图书看作旧史志，其后的则划为新史志。本章论述对象是图书，不包括报刊。

从内容记载倾向看，教育史志文献可分为人物史志、机构史志、数据史志和其他专题史志。其内容特点详情如下：

（1）机构史志,主要记载各级各类教育行政机构和学校的信息,其主要部分是各级地方教育志和各类学校志。其题名关键词有校志、中学志、（研究）院志、系志、（研究）所志、学志、校史、中学史、××师范志、（研究）院史、系史、学史、教育史、（研究）所史、××大学年鉴、校史资料汇编、附中（附属中学）、附小（附属小学）、孤儿院、福利院、感化院、忆××学、大学史话、中学史话、××学漫话、××学校大事记、纪事、老照片、校史回忆录、中学回忆录、大学回忆录、校庆纪念文集、建校周年纪念、图典、图册、校友回忆录、教育机构、学校名录（册）、院校名录、科研机构名录等。

机构史志包含一部分研究机构信息,因为这些研究机构也招收研究生,承担高层次教学任务,有些甚至引领各专业教学方向,相关文献可纳入教育史志之列。各校招生宣传或者新生入学时会印发各种文册。但它们内容简单,信息量较小,而校史校志编纂时间长,框架经过反复探讨后酌定,信息具体、全面、可靠,权威性较高。所以本章所讨论的教育"机构史志",主要包括后一类。

（2）人物史志,主要记载教育工作者、工作对象相关信息,大部分是教育工作者与受教育对象的名录、回忆录。题名关键词为同学录、校友录（名录）、名册、毕业生名录、××学校人物志、学人风采、英才、风华录、学长、学生名录（册）、师生名录、教授名录、高级专家名录、校友通讯录、教授诞辰、从教、荣休××周年纪念文集、教授纪念文集、名师、教授访谈录等。

人物史志类文献中有教授（教师）纪念文集,它一般包括两部分:研究性论文和学生、同事、朋友所写的回忆或纪念性文章。后者包括不少学校教育素材,可以补足校史和教育史缺漏。若纯粹是理论研究文集,不能提供教育方面信息,但展示师门研究成果,可提供学术谱系线索,是较为深层的教育研究资料,也列入教育史志资料。

（3）数据史志,关于教育各类数字记载。题名关键词有:××教育年鉴、××大学（学校）年鉴、××教育（发展）报告、××教育皮书等。

以上三种类型是教育史志文献的主要部分。此外,还可根据现实需要整理若干专题类文献,专门记载某类重要教育现象,这方面可以有考试、管理制度、各学科教育史等专题。各专题可以有相应关键词,如考试史志的题名关键词有:报考指南、专业名录(目录)、招生简章、目录、指南、考试要求、考试说明、考试大纲等。学校管理类专题文献的题名关键词有规章制度(规章、制度、规制、规程)、章程、图典、图册、图史、评估手册、指南等。

考试类专题文献主要包括全国及省级考试的各种政策性文献,如以图书形式颁布的教育部各年度研究生考试、高考、中考的各科考试大纲、各科考试要求、政策说明和学校专业指南,华东师范大学图书馆收入时会酌情考虑。各级各类学历考试、公务员考试与职业技能考试,教育考试院可能会有专门收藏与研究的需要。这部分文献每年都有,特别是试题与复习资料,数量巨大,需要考虑经费与空间的余裕,且使用中容易涂污损毁,不在华东师范大学图书馆入藏范围。

学科教育史一般归入学科研究,可不归入教育史志范畴,但若有相关学科研究,经费与存储条件许可,华东师范大学图书馆一般考虑收藏。

专题类文献可能与上面史志内容有交叉,例如学校专业名录可能属于机构史志,也可归入考试专题。这样分类可能在理论上有所欠缺,在实践上是有益的。对文献属性的定义越多,认识的角度越多,对其价值的认识越深入,文献整理的思路就越广阔。因为特藏文献的收集关键在于认识文献价值并对相近价值文献聚合成类。

9.2 研究现状与意义

十一届三中全会以来,地方教育史志编纂工作受到重视,相关实践与理论研究也不断展开。1985 年 9 月地方教育史志工作协作会在杭州成立,1987 年 10 月中国地方教育史志研究会在成都成立,开展不少活动。综合言之,教育史志修纂实践性很强,理论研究的文章不多,大致可分为四类:交流编纂操作心得,教育史志新书发布,强调修纂意义,探讨如何发挥其作用。近30年来,中国教育史志的概念如何界定,内容与出版情况如何,收藏情况怎样,如何利用? 笔者翻检2000年以来的期刊与图书,仅发现福建教育学院一则教育史志收集启事[1],此外并未有相关文章。

校史是一种资源,更是文化现象和文化存在,它能记载学校的发展历程、办学思想成果、文化传统、价值理念等内容,积淀优良传统,传承育人精神,弘扬先进文化,是师生的精神家园,决定校园文化方向和水平[2]。傅杰先生有相关回忆录写浙江大学的学术名家风范[3],就具有这样的作用。

同时,1949年以来,中国教育事业飞速发展,有一系列经验可以总结,有许多问题需要讨论。教育研究,借鉴古人传统经验与西方经验,建立在对本国教育基本状况的了解上,才不至于成为空中楼阁。教育史志文献可以为教育研究者提供最基本的情况。各种年度报告、皮书、年鉴,定期刊载各种教育方面的数据,可以呈现当代教育的发展面貌。

傅斯年先生有云,一分材料出一分货,没有材料不出货。历史研究十分重视材料。中国近代教育史的研究难以深入,与近年来中国近代教育史料的整理和出版工作不太及时,没有发掘史料有着密不可分的关系[4]。只有加大史料搜集、整理力度,才能在教育史研究中取得成果。目前,民国教育史志文献的出版方面成果比较多,国家图书馆出版一系列民国教育文献。但学界与出版方对当代教育史志文献搜集和整理成果与实践还是很少。文献资源建设者要具有前瞻性的眼光,系统收集现代教育史志资料,为将来新中国教育研究留存材料。这是图书馆的核心任务和使命之一。

教育问题从来不是单独存在的,它与整个社会政治、经济、文化问题息息相关。高校对社会问题非常敏感,历史上很多次运动、思潮都与高校有重大关联,很多教育工作者,也是著名的思想家与社会活动家,往往影响时代风气。这些人物的相关文献不但关乎教育,也与整个社会政治历史文化密切相关。近几年,媒体刊发陈允吉教授的一系列复旦大学校史的回忆文章[5]。陈先生的从教生涯贯穿中华人民共和国成立到 21 世纪,他记忆力惊人,许多事件的细节在多年后仍宛如再现。回忆中披露的资料,很多部件未见诸公开报道,能补正史之不足。这些回忆录属于教育史志资料,不仅涉及教育问题,也关联政治文化。例如,他谈到 70 年代毛主席指示要刘大杰先生修改《中国文学发展史》,刘先生很激动。又说毛主席曾叫李讷去范文澜家里探望,询问范老能否用新观点把以前的书改一改,范老说目前修改尚有困难[6]。这些回忆对重大政治思想问题的研究也颇有启发。沪上知名大学某教授雨天出门挤公交,伞柄不小心撞到一位肥胖女士。该女大恚,说他骚扰摸腰。教授反诘云:"您的腰在哪里?"乘客闻之,莫不莞尔。该事颇足解颐,有心者收集类似轶事,编做当代士林,为高校教师生存状态的生动写照,后人可当作《世说新语》来读。

9.3 调查目标与方法

本次调查目的在于通过书目收集和比对,了解各级各类教育史志类书目的出版、馆藏状况,以利于读者利用和采访者的选购。

本章采用书目比对法,比较各馆书目与标准书目之间的关系,反映各馆的收藏情况及其相关问题。标准书目以历年《全国总书目》为基础,兼采其他资料。《全国总书目》历史悠久,内容连续,是全面记录和反映我国图书出版状况的权威资料,根据全国所有出版单位向中国版本图书馆缴存的样本编辑,是图书馆进行资源评价、补缺的权威选择。据统计,《全国总书目》覆盖率在 20 世纪 70 年代达到最高约为78%,尚存 20% 以上的缺口。到 80 年代降为 72.2%,到 90 年代甚至降为约 54%[7]。

为了弥补这一缺陷,采用其他书目信息补充。本章所采取的其他书目来源有:

(1)书商书目。《全国总书目》2001 年开始同步使用光盘版和纸质版,2004 年停止使用纸质本,光盘版至今已经出版到 2011 年卷。但此后至 2017 年的《全国总书目》未能搜集到光盘版,转而采用中文图书供应商提供的电子书目。比之《全国总书目》,供应商书目信息比较准确,更加及时快速,但因为逐利天性,有些供应商会屏蔽无法获利的书目。很多校史、校志和人物纪念资料有些是包销或内部出版,不公开发售,公开发售的印量又很小,中间商无法得到书目。所以,这一渠道的信息覆盖率也有缺陷。

（2）重要图书馆的馆藏数据。首先是华东师范大学图书馆馆藏书目数据。该馆一直致力于教育史志资料的收集,几十年来逢书必藏,积攒了一定体量。新方志是华东师范大学图书馆特色馆藏之一,其中包含部分教育人物资料,可从中查找到不少资料。

（3）电子数据库书目。电子图书集成供应商（如方正电子书）有专门的新方志数据库,超星图书中也有不少教育专题图书。

笔者还检索过其他书目工具书,如《全国内部发行图书总目(1949—1986)》(中国版本图书馆编,中华书局,1988年版)。但其中教育史志书目数量很少,可以忽略。

9.4 研究思路与过程

时间、地域、内容类型、载体类型是方志类文献使用者关心的四个要素。他们需要使用哪个省市教育史料,收录的资料起讫时段如何,需要查找的内容是否在其中,文献属于纸质本还是电子本。时间、空间、逻辑关联是任何事物存在的属性,文献搜集者也关注这三点。近年来电子书的便捷性日益显现,所以介质类型也越来越受重视。从工作方法上讲,采访人员最易关注的是文献出版因素,因为利用出版社和出版时间信息来搜罗文献比较方便。出版社地域与资料地域并无必然联系,上海的教育史志可能会放到北京出版。而若无特别标注,出版时间与资料收集的截止时间一般有对应关系,2001年出版的校史,内容记载一般会截止到2001年左右。综合以上考虑,本章对资料的比较从出版时间、文献内容所反映地域、内容类型、出版社四个方面出发。对纸本与电子本分开考量,但也是基于这四个方面的数据。

本研究历时一年,其过程分为三步:

(1)2016 年 9 月起,对《全国总书目》1949—2001 年各卷进行逐条检索,手动输入图书信息。

(2)2016 年 12 月起,采取关键词检索(检索词见本章第一部分)的方法,获取《全国总书目》2001—2011 各卷信息,获取供应商 2012 至 2016 年书目、华东师范大学图书馆馆藏书目和电子数据库书目信息。同时采取分类号尾数标记检索的办法,从华东师范大学图书馆系统查找某些特殊的图书类别。例如,查找结尾为"-24"的研究院志,结尾为"-4"的学科教育史。

(3)2017 年 4 月起,对书目进行归并、整理。2017 年 7 月起,分析和整理书目。

9.5 书目数据

汇总各来源的图书信息,得到《全国总书目》2370 种,华东师范大学图书馆藏纸本书目 2758 种,某数字图书馆书目 4193 种。对书目进行去重整理,得到不重复的总书目 7465 种。各项数据情况大致如下。

9.5.1 时段

根据图书出版时间,对图书所属时段进行统计。将每个时段图书种数及其百分比情况列入表 9-1。(单位:种。下文同)从表 9-1 可以看出,20 世纪 80 年代后,教育史志文献较多,尤其是 21 世纪以来占比最大。

表 9-1　教育史志时段分布表

时段	1949 前	1950—1959	1960—1969	1970—1979	1980—1989	1990—1999	2000—2009	2010 后
种数	84	100	29	25	847	2014	2986	1292
百分比	1.1%	1.4%	0.4%	0.3%	11.5%	27.3%	40.5%	17.5%

9.5.2　地域

根据图书题名等字段信息显示的线索,查找文献内容所反映省份,对图书进行归属地统计,将其百分比情况排列如表9-2。

表9-2　教育史志地域分布百分比表

序号	地域	种数	占比	序号	地域	种数	占比
1	北京	1402	18.9%	18	黑龙江	152	2.0%
2	上海	482	6.5%	19	天津	150	2.0%
3	山东	407	5.5%	20	甘肃	143	1.9%
4	河南	358	4.8%	21	江西	134	1.8%
5	浙江	358	4.8%	22	广西	126	1.7%
6	江苏	349	4.7%	23	安徽	120	1.6%
7	四川	347	4.7%	24	重庆	97	1.3%
8	湖北	341	4.6%	25	贵州	95	1.3%
9	辽宁	281	3.8%	26	港澳台	81	1.1%
10	广东	271	3.6%	27	内蒙古	73	1.0%
11	湖南	259	3.5%	28	新疆	49	0.7%
12	云南	257	3.5%	29	宁夏	43	0.6%
13	山西	218	2.9%	30	海南	25	0.3%
14	陕西	218	2.9%	31	青海	18	0.2%
15	河北	207	2.8%	32	西藏	6	0.1%
16	吉林	176	2.4%	33	其他国家	24	0.3%
17	福建	166	2.2%	合计		7434	100.0%

从表9-2中可以看出京、沪两地教育史志资料比较集中。边疆地域教育史志较少,其原因是文献本身出版量少还是搜集者用力不够,或是两者兼有,有待进一步考察。

9.5.3　内容类别

按内容特点对教育史志资料进行分类，详细情况列入表9-3。

表9-3　教育史志内容种类分布表

记载倾向	内容描述	数量	百分比	部分文献类型举例
机构	区域教育史志	2238	29.97%	国家级339、地方级1909、"教育志"题名1077
	学校史志	3273	43.84%	学校志758、学校史943、院史148
人物	教育人物、回忆录	814	10.90%	校友资料217种，人物回忆70种
数据	各种数字及其比较	1592	21.32%	年鉴445、皮书45、报告250、年报33、名册名录124
其他	规章制度	207	2.77%	简章指南112、制度章程68
	各科教育史	806	10.80%	教育史545
	研究性文集	1202	16.10%	纪念论文集245

实际上，很多教育史志内容兼具几种特征。如《延边朝鲜族教育史稿》（朴奎灿著，吉林教育出版社，1989）研究朝鲜族教育历史，属于研究性文集，同时又是对延边地区教育问题的记载，可以划入行政区划教育史志的范畴。表9-3中的百分比只是大致体现教育史志的内容倾向。从中可以看出，各种教育史志中，学校史志类比例最高（43.84%），其后是各级教育史志（29.97%），应该说这两种内容类型是教育史志的主要部分。同时，数据与人物类，比率虽然不大，但也不可或缺。

从数据的原始性来看，机构史志、人物史志、数据史志应该是对当代教育时、地、人要素的最原始记载，没有经过分析和加工。制度性文献显示一段时期内人、事、物的配置和运行方式，也具有原始性。研究性文集、各科教育史本身可能也会搜集、整理一些数据、事实，但其重点在于对史料的梳理、分析，是资料处理的结果。表9-3的前三类数据，可以视为"教育史志"的外延的核心，第四类可视情况纳入广义

"教育史志"范畴。

9.5.4　出版社情况

统计教育史志的出版社情况之前,要先统一出版社信息(相关做法的论述,详见本书3.2.1小节),如果图书属于联合出版,只统计第一个出版社。有一种情况需要说明。由于学校变化,有些出版社名称也发生变化,如"杭州大学出版社"原来隶属于杭州大学,后来隶属于浙江大学,以前的名称改为"浙江大学出版社",但其原来的图书版权页上注明是前者,不予改变,以保留历史原貌。

对7143条有出版机构记录的信息进行统计,得到出版社情况可查的书目6728条,进行分类合并,得到1975个出版机构。据国家新闻出版广电总局网站数据,2010年出版社登记581家,2016年584家。教育史志类出版机构数量远超现有登记数字,原因之一是部分机构属于20世纪早期,还有一部分属于港台。最根本原因是很多书是自印本,出版或印刷者没有在相关管理部门获准注册。据统计,教育史志文献非正式出版机构有1408个,大多是"编委会""办公室""印刷厂",它们共供书1411种。正式出版机构有654个,供书5315种。将正式出版的图书进行排位,列出供书量较多的部分出版社,绘成表9-4。

表9-4　部分出版社图书种数表

序号	出版社	种数	序号	出版社	种数	序号	出版社	种数
1	高等教育	124	8	云南大学	55	15	黑龙江人民	43
2	北京大学	105	9	山西人民	52	16	云南民族	43
3	上海教育	88	10	陕西人民	51	17	中国文史	42
4	浙江大学	88	11	上海交通大学	50	18	复旦大学	39
5	中州古籍	65	12	武汉大学	49	19	华东师范大学	39
6	清华大学	59	13	方志	47	20	人民教育	39
7	教育科学	57	14	北京师范大学	44	21	四川大学	39

将这些出版社分类,计算图书种数与百分比,列成表9－5。

表9－5　不同类出版社教育史志种类情况表

类型	综合	大学	教育	科技	古籍	社科	艺术	文学文艺	经济
书种	726	1818	807	216	186	72	56	49	27
占比	13.7%	34.2%	15.2%	4.1%	3.5%	1.4%	1.1%	0.9%	0.5%

说明:"综合"类是指各类人民出版社。

可见出版教育史志文献最多出版社为高校社、教育社,这与出版社属性是吻合的。其次是各地人民社,因为其在当地有较大影响力。

9.6　纸本馆藏情况

9.6.1　总体状况

登录国内有代表性图书馆门户,检索其教育史志的提供情况。分别进行书目匹配,操作时要求题名、主要责任者、出版机构、出版时间字段信息相同。在文献介质上,只考虑馆藏纸质本的匹配,电子书作为数据库另外考量。截至2017年7月30日,国家图书馆与北京大学、北京师范大学、复旦大学、中山大学、武汉大学图书馆藏种数分别为2552、1769、2076、3334、2129、1108,与标准目录总数(7465种)相比,分别占比34.2%、23.7%、27.8%、44.7%、28.5%、14.8%。复旦大学图书馆与国家图书馆纸本的体量较大。

对各馆三类比较重要的教育史志(A. 学校史志;B. 区域教育史志;C. 数据史志)进行统计归类,统计其与标准书目各类数量的占比,发现复旦大学馆三类占比分别为23.5%、41.7%、11.6%,国家图书馆分别为27.5%、31.9%、41.6%,另外四家图书馆的情况为:北京大学(14.8%、23.0%、20.7%)、北京师范大学(20.6%、24.7%、24.9%)、武汉大学(10.2%、10.4%、14.7%)、中山大学(25.1%、27.4%、9.1%)。国家图书馆在A、C两类收藏比例最大,B类比例处于次高状态。复旦大学图书馆 B 类文献收藏比例最大,A 类比例排位第三。中山大学图书馆、北京师范大学图书馆 A 类、C 类的收藏比例也处于次高地位。

9.6.2 相关馆收藏状况

笔者从上文几家图书馆选择有代表性的两家(A,国家图书馆;B,复旦大学图书馆),作为华东师范大学图书馆工作的导向标杆。由于数字图书省空间,检索方便,作为一种重要的资源形式,近年颇受读者青睐。国内较大的数据库经过多年经营,收藏了不少教育史志类图书,本章选择其中之一(C)作为比较,以见出电子图书在特藏方面的作用。为了寻找与导向馆工作的差距,将华东师范大学图书馆(D)数据列在最后。

9.6.2.1 时段比例

将史料按出版年(电子书也按纸本出版社算,不按电子版上书时间,下同)分类,将各馆时段数量与书目总体数情况列入表 9 - 6。

表 9 - 6 各馆教育史料时段分布对照表

时段		1949 前	1950 至 1959	1960 至 1969	1970 至 1979	1980 至 1989	1990 至 1999	2000 至 2009	2010 后
总数		84	100	29	25	847	2014	2986	1292
A	数量	26	52	17	12	208	473	1206	531
A	占比	31.0%	52.0%	58.6%	48.0%	24.6%	23.5%	40.4%	41.1%
B	数量	54	39	11	9	302	837	1298	708
B	占比	64.3%	39.0%	37.9%	36.0%	35.7%	41.6%	43.5%	54.8%
C	数量	74	69	19	20	244	388	1190	357
C	占比	88.1%	69.0%	65.5%	80.0%	28.8%	19.3%	39.9%	27.6%
D	数量	11	2	4	4	375	844	978	517
D	占比	13.1%	2.0%	13.8%	16.0%	44.3%	41.9%	32.8%	40.0%

从表9-6可以看出,数字图书馆对1979年以前教育史志资料的收集比例是很高的,到2000年以后,比例有所下降。华东师范大学图书馆对20世纪最后20年的资料收藏比例较高,但其他时段都比较低,1980年以前的收藏特别低。

9.6.2.2 地域比例

将各馆史料按照区域排列,计算各馆各地史料数量及其在本区域教育史料的占比。其部分数据列入表9-7。

表9-7 各馆教育史志收藏部分区域分布表

所属地	总数	A		B		C		D	
		数量	占比	数量	占比	数量	占比	数量	占比
北京	1402	648	46.2%	728	51.9%	725	51.7%	194	13.8%
上海	482	184	38.2%	247	51.2%	184	38.2%	112	23.2%
山东	407	154	37.8%	143	35.1%	131	32.2%	192	47.2%
河南	358	93	26.0%	184	51.4%	96	26.8%	193	53.9%
浙江	358	120	33.5%	160	44.7%	100	27.9%	155	43.3%
江苏	349	112	32.1%	135	38.7%	90	25.8%	147	42.1%
四川	347	110	31.7%	156	45.0%	76	21.9%	184	53.0%
湖北	341	117	34.3%	133	39.0%	59	17.3%	157	46.0%
辽宁	281	92	32.7%	87	31.0%	75	26.7%	107	38.1%
广东	271	89	32.8%	93	34.3%	92	33.9%	84	31.0%
湖南	259	79	30.5%	93	35.9%	58	22.4%	128	49.4%
云南	257	74	28.8%	145	56.4%	48	18.7%	116	45.1%
山西	218	58	26.6%	95	43.6%	33	15.1%	141	64.7%
陕西	218	42	19.3%	100	45.9%	42	19.3%	81	37.2%
河北	207	51	24.6%	101	48.8%	45	21.7%	124	59.9%
吉林	177	59	33.3%	54	30.5%	74	41.8%	60	33.9%

续表

所属地	总数	A		B		C		D	
		数量	占比	数量	占比	数量	占比	数量	占比
福建	166	52	31.3%	65	39.2%	77	46.4%	51	30.7%
黑龙江	152	38	25.0%	57	37.5%	36	23.7%	54	35.5%
天津	150	52	34.7%	66	44.0%	48	32.0%	35	23.3%
甘肃	143	43	30.1%	39	27.3%	32	22.4%	63	44.1%
江西	134	41	30.6%	51	38.1%	37	27.6%	60	44.8%

通过对比可以发现,B馆北京、上海、浙江、广东、云南、天津的教育史志收藏比例较高。华东师大图书馆在山东、河南、四川、湖北、山西、河北、甘肃、江西教育史志的收藏量方面比例较高,但京、沪史志的收藏严重不足。

9.6.2.3　内容类型

将各馆教育史志馆藏按照内容类别统计。数据列入表9-8。

表9-8　教育史志内容类别表

比较项目		学校史志	区域史志	人物史志	数据史志	基础教育史志	高等教育史志
总数		3273	2238	814	1592	876	2204
A	种数	893	713	324	662	241	693
	占比	27.3%	31.9%	39.8%	41.6%	27.5%	31.4%
B	种数	1406	933	222	668	384	930
	占比	43.3%	41.7%	27.3%	42.0%	43.8%	42.2%
C	种数	613	627	411	771	161	557
	占比	18.7%	28.0%	50.5%	48.4%	18.4%	25.3%
D	种数	1577	964	87	166	555	710
	占比	48.2%	43.1%	10.7%	10.4%	63.4%	32.2%

从表 9 - 8 可以看出,B 馆在基础教育、高等教育史料上具有优势,C 馆在人物、数字史料上具有较大的收藏比例,D 馆在这两类上比例很低,处于弱势。

9.6.2.4 出版社图书占比

对各馆藏图书的出版情况进行统计,将每个出版社供应教育史志的数量对比,将部分情况列入表 9 - 9。

表 9 - 9　各馆部分出版社教育史志供应比较表

出版社	总数	A		B		C		D	
		种数	占比	种数	占比	种数	占比	种数	占比
高等教育出版社	124	66	53.2%	70	56.5%	67	54.0%	2	1.6%
北京大学出版社	105	74	70.5%	57	54.3%	76	72.4%	3	2.9%
上海教育出版社	88	36	40.9%	49	55.7%	35	39.8%	13	14.8%
浙江大学出版社	88	36	40.9%	36	40.9%	34	38.6%	5	5.7%
中州古籍出版社	65	21	32.3%	40	61.5%	11	16.9%	38	58.5%
清华大学出版社	59	7	11.9%	25	42.4%	7	11.9%	6	10.2%
教育科学出版社	57	23	40.4%	30	52.6%	19	33.3%	16	28.1%
云南大学出版社	55	21	38.2%	26	47.3%	13	23.6%	11	20.0%
山西人民出版社	52	19	36.5%	19	36.5%	14	26.9%	19	36.5%

续表

出版社	总数	A		B		C		D	
		种数	占比	种数	占比	种数	占比	种数	占比
陕西人民出版社	51	7	13.7%	26	51.0%	3	5.9%	14	27.5%
上海交通大学出版社	50	30	60.0%	26	52.0%	15	30.0%	19	38.0%
武汉大学出版社	49	20	40.8%	20	40.8%	12	24.5%	4	8.2%
方志出版社	47	11	23.4%	36	76.6%	0	0.0%	30	63.8%
北京师范大学出版社	44	29	65.9%	27	61.4%	29	65.9%	2	4.5%
自印本	1407	334	23.7%	582	41.4%	207	14.7%	1194	84.9%
无机构记载	763	162	21.2%	227	29.8%	329	43.1%	435	57.0%

表9-9末两行"自印本""无机构记载"两类表示的是非正式出版的教育史志，机构D的收藏比例比较高，这些出版物正规渠道很难买到，搜集不易，说明D馆这方面确实花了功夫。

9.6.3　差距与方向

通过上面的对比，可知华东师范大学图书馆教育史志的收藏有一定特色，但还需努力。加强方向可从缺藏情况统计得出。将华东师范大学图书馆书目与标准书目比较，得出缺藏书目表，将各项数量与总数进行对比。通过书目比照，统计出华东师范大学图书馆学校史志、区域教育、人物、数字、基础教育、高等教育类史志缺藏量分别为1696、1274、727、1426、321、1494，缺藏百分比分别为51.8%、56.9%、89.3%、89.6%、36.6%、67.8%，数据性资料缺乏最多，高等教育次之。通过对文献时段的统计，发现近70年来，除1980—1999外，其他时段缺藏严重。从出版社情况看,华东师范大学图书馆的优势在于自印本,但正规出版图书缺藏严重。其情况从表9-9中D列14个出版社的收藏比例可以减出。

9.7 资源的使用

从上文数据看,没有哪个馆能够收齐所有教育史志,使用者可以选择馆际联合的方式满足需要。纸本使用要充分考虑到交通往来的因素,受到地域限制,若文献传递无法进行,读者希望能在同一个城市使用文献,以免异地奔波。有鉴于此,笔者将京、沪两地部分馆的数据进行拼组,分别计算联合数据的保障比例。上文纸本与数字资源是分开的,但从使用者角度,纸本与电子的复合保障更为方便,所以,应将数字资源纳入联合数据范畴。

将两地各馆两种介质资源进行组合,将时段、地域、内容类别、出版社供书种数等方面信息分别列入表9-10至表9-13。

表9-10 时段比例表

时段	总数	A	B	C	D	E
1949 年以前	84	61.9%	75.0%	75.0%	82.1%	84.5%
1950—1959	100	74.0%	40.0%	77.0%	87.0%	78.0%
1960—1969	29	82.8%	48.3%	79.3%	89.7%	86.2%
1970—1979	25	60.0%	48.0%	84.0%	80.0%	88.0%
1980—1989	847	53.4%	79.8%	50.9%	62.3%	80.5%
1990—1999	2014	46.6%	83.4%	52.8%	51.8%	74.4%
2000—2009	2986	56.3%	76.1%	68.8%	65.4%	83.2%
2010 年后	1292	57.4%	94.7%	67.8%	60.3%	84.1%

（表头字符说明:A,北京三馆联合纸本保障;B,上海两馆联合纸本保障;C,复旦纸本与数字联合;D,北京三馆纸本与数字联合;E,上海两馆纸本与数字联合。下文同。）

表 9 - 11　地域比例表

地域	总数	A	B	C	D	E
北京	1402	70.6%	57.2%	80.0%	78.0%	85.6%
上海	482	67.8%	60.2%	72.6%	73.2%	82.0%
山东	407	55.5%	61.9%	60.2%	63.9%	87.0%
河南	358	41.1%	71.2%	70.4%	55.9%	89.9%
浙江	358	51.4%	62.0%	65.1%	60.9%	82.4%
江苏	349	58.5%	60.2%	55.6%	65.0%	76.8%
四川	347	46.7%	65.7%	61.4%	50.1%	81.8%
湖北	341	53.4%	68.9%	46.9%	54.8%	77.7%
辽宁	281	45.6%	53.0%	50.9%	55.2%	73.3%
广东	271	51.7%	50.9%	57.6%	63.1%	74.5%
湖南	259	49.0%	66.8%	49.8%	54.1%	80.3%
云南	257	51.8%	71.2%	68.1%	57.2%	82.9%
陕西	218	37.2%	63.8%	56.4%	45.0%	74.8%
山西	218	48.2%	80.7%	52.3%	50.9%	89.4%
河北	207	48.3%	73.9%	66.7%	57.0%	91.8%
吉林	177	54.2%	54.8%	57.1%	63.8%	81.9%
福建	166	58.4%	53.6%	70.5%	73.5%	85.5%
黑龙	152	36.2%	58.6%	54.6%	42.8%	75.7%
天津	150	58.7%	54.7%	62.7%	63.3%	73.3%
甘肃	143	49.7%	56.6%	46.2%	54.5%	75.5%
江西	134	52.2%	62.7%	57.5%	61.2%	82.1%
广西	126	61.1%	63.5%	54.0%	61.9%	77.0%
安徽	120	48.3%	70.8%	70.8%	57.5%	90.0%

表 9 - 12　内容比例表

类别	总数	A	B	C	D	E
学校史志	3273	45.1%	42.9%	56.2%	52.4%	80.0%
区域教育史志	2238	55.7%	43.3%	60.9%	62.2%	82.8%
人物史料	814	60.0%	26.9%	64.7%	71.3%	72.5%
数字史料	1592	56.3%	41.1%	73.1%	68.7%	76.0%
操作指引	207	82.6%	38.2%	96.6%	95.7%	96.6%
学科教育史	806	74.1%	59.3%	85.5%	81.5%	89.5%
研究性文集	1202	74.5%	47.8%	78.2%	83.1%	82.4%
基础教育史料	876	39.0%	43.8%	58.4%	45.5%	87.0%
高等教育史料	2204	52.0%	32.7%	59.3%	59.8%	74.8%

表 9 - 13　出版比例表

出版社	总数	A	B	C	D	E
自印本	1407	49.6%	88.3%	52.9%	45.8%	99.9%
高等教育出版社	124	71.8%	57.3%	87.9%	77.4%	88.7%
北京大学出版社	105	95.2%	54.3%	88.6%	96.2%	88.6%
上海教育出版社	88	75.0%	54.5%	71.6%	80.7%	71.6%
浙江大学出版社	88	61.4%	42.0%	59.1%	63.6%	60.2%
中州古籍出版社	65	52.3%	83.1%	69.2%	61.5%	90.8%
清华大学出版社	59	42.4%	45.8%	45.8%	42.4%	49.2%
教育科学出版社	57	75.4%	66.7%	75.4%	86.0%	89.5%
云南大学出版社	55	67.3%	49.1%	60.0%	70.9%	61.8%
山西人民出版社	52	67.3%	55.8%	61.5%	67.3%	80.8%
陕西人民出版社	51	45.1%	54.9%	51.0%	43.1%	56.9%
上海交通大学出版社	50	78.0%	74.0%	64.0%	78.0%	86.0%

续表

出版社	总数	A	B	C	D	E
武汉大学出版社	49	46.9%	40.8%	46.9%	46.9%	51.0%
方志出版社	47	51.1%	91.5%	76.6%	51.1%	91.5%
北京师范大学出版社	44	88.6%	65.9%	90.9%	88.6%	95.5%
黑龙江人民出版社	43	53.5%	55.8%	62.8%	62.8%	76.7%
云南民族出版社	43	41.9%	76.7%	76.7%	41.9%	79.1%
中国文史出版社	42	64.3%	66.7%	59.5%	61.9%	83.3%
云南人民出版社	39	51.3%	74.4%	51.3%	53.8%	84.6%
人民教育出版社	39	69.2%	46.2%	41.0%	66.7%	46.2%
四川大学出版社	39	59.0%	28.2%	46.2%	56.4%	48.7%
复旦大学出版社	39	84.6%	74.4%	94.9%	84.6%	97.4%
华东师范大学出版社	39	61.5%	76.9%	76.9%	61.5%	76.9%
辽宁大学出版社	38	47.4%	26.3%	39.5%	55.3%	52.6%
山东教育出版社	36	86.1%	33.3%	63.9%	86.1%	66.7%
广东高等教育出版社	35	62.9%	37.1%	45.7%	62.9%	48.6%
上海人民出版社	34	76.5%	52.9%	91.2%	73.5%	91.2%
天津大学出版社	34	67.6%	47.1%	55.9%	64.7%	55.9%
广西人民出版社	34	64.7%	61.8%	73.5%	64.7%	73.5%
西南师范大学出版社	33	63.6%	75.8%	75.8%	66.7%	87.9%
河南大学出版社	33	45.5%	54.5%	57.6%	48.5%	63.6%
浙江教育出版社	33	66.7%	66.7%	72.7%	72.7%	81.8%
江西高校出版社	33	54.5%	24.2%	54.5%	66.7%	57.6%

从表9-10至表9-13可以看出,与单馆纸本资源保障的比例相比,联合保障数据比例有较大提升,加上数字资源以后,效果更加理想。从总体上看,上海、北京两个地区教育文献资源满足比例各有特点。如果实现两个图书馆纸本加数字资源的联合保障,满足率会比较高。使用者可以根据自己需要的内容类型、地域属性,选择恰当的使用方式。图书馆相关服务人员也可以向使用者推荐恰当的资源组合方式。

本章对当前教育史志资料书目进行梳理,对部分图书馆的收藏状况进行调查分析。文章在内容类别、时段、地域分布、收藏状况提供具体的数据,有利于文献资源建设者了解当前教育史志文献的收藏状况,也有利于读者的利用。本章从《全国总书目》和各馆藏纸本获取书目,争取使总书目有较大的覆盖面。但收全书目并非易事,本章使用关键词检索方式做页面搜索,图书内容关乎教育但题名与关键词无关的无法检索得到。例如《金陵生小言》第一卷《儒林外传》,其中有不少是学者轶事[8],可归入"人物史料"。但其题名中不含上文关键词,就很难收入。同时,关键词检索只能在书刊题名层面操作,如《武大校友通讯》可以被收进来,但其他书刊中有关于武汉大学校友的记载,即使其析出题名有"武大校友"类的词,也无法收录。这需要采访者对图书内容与学校情况比较了解,并不是靠检索就可以实现的。同时,这一领域有相当数量的非正式出版物,华东师范大学图书馆目前搜罗的只是一部分,又因为这项工作一直在持续进行,本章只能就目前情况做一个大致统计。由于篇幅所限,本章侧重于资源的数量分布情况,对教育史志的其他特征,如编辑出版印刷、使用情况,无法进行细致描述,希望今后可以进一步努力。

参考文献

[1] 福建教育学院. 福建基础教育史资料征集启事[J]. 福建基础教育研究,2015 (1):42.

[2] 吴三文.校史文化引领教育改革和学校发展教育——长沙校史文化建设成果全省推介[J].湖南教育(D版),2017(2):23.

[3] 傅杰.前辈写真[M].北京:海豚出版社,2016.

[4] 杨涛.中国近代教育史资料出版现状及思考[J].中国出版,2014(4):23-25.

[5] 陈允吉.上海参与点校本二十四史整理的往事[N].文汇学人,2015-08-14(14).

[6] 陈允吉.陈允吉谈复旦中文系名师[N].东方早报,2014-01-26(B02-03).

[7] 肖希明,李书祥.《全国总书目》与图书馆文献资源建设[J].图书馆,2008(6):26-29.

[8] 蒋寅.金陵生小言[M].桂林:广西师范大学出版社,2004.

后　　记

南京大学图书馆的陈远焕老师是国内高校图书馆老资格的图书采访人员。他是爱书之人，碰到好书，总是会通过南京大学图书馆，把书寄赠到兄弟馆。他退休之后去了美国，还在乐此不疲地做这件事。跟陈老师见过一面，他用一句俗语诠释采访的行业特色，有点自我解嘲的意思："读报读题，看书看皮。"当初听起来不怎么样，现在越来越深刻地体会到其精妙之处。招聘人员的时候，我们会让应聘者谈谈往部门投简历的初衷，大多数人说是图书馆环境好，所有的书都从这里过，工作就是看书，可以提高修养云云。这时候，主试者只好相视而笑。你真的可以看到很多书，但工作时间没法集中精力认真读一本。供应商一周发来几千条书目，一条条看完，我们需要在几天内挑选好、查重、发单并做进系统。年复一年，每周如此。若运行顺畅，那倒还能忍受。有时候，书目错乱、印刷错误、底本模糊，任何一个小问题都可能引起图书退换，改单后要再次登记、验收、编目，再走一次程序。或者物流少送一包书，这整个一单书就要等跟对方沟通好了再处理，来回一拖就要好几天。加上读者荐购、提前借阅，在一车几百本的书堆里找出那本书，一天出现三次这样的情况，就弄得人要发疯。我已经不止一次听到馆长们说文献资源建设部门负责人提出辞呈的事情，以我的感觉，请辞者可能还真不全是出于谦让。

相比当前图书馆各种运动的热闹和光鲜，采访部只是沉默的小伙伴。在那些变来变去的规定之下，年底把项目下的各种经费用完，就可以烧香了。但还需要警惕，读者满意度调查中对文献资源建设有一大堆意见，需要做合理解释并提出整改措施。复旦大学龙向洋先生说,做采访人员总归是要听到批评,不要期望有人说你们做得好。真是夫子自道,采访人员的处境大致如此。采访需要不断老老实实去做,但说起来也没有多少道道。会说的不会做,会做的不会说,这是行业的奇特悖论。所认识的很多前辈,从业 30 多年,还是个普通馆员,至多是副研究馆员,可谓书能穷人。

但很幸运的是,当前高校图书馆界至少还有相当一批人员在坚持,特别是在认真地做纸书。中国高校图工委文献资源建设工作组一直鼓励纸质图书方面的探讨,厦门大学萧德洪先生在 2017 年 5 月南京大学工作组"研究课题中期检查会议"上表示,我们要有人坚持纸质图书的阵地。中山大学程焕文先生一直强调"资源为王",中山大学馆除了搜集一般纸本外,还不遗余力地搜集和整理清代、民国以来的民间文献。我认为这不是出于对一种介质的偏爱,而是对转型期间文献资源建设的谨慎和冷静,表现出图书馆对高校乃至整个国家文化的担当和责任感。不管今后纸、电各自发展前景如何,只要有这种态度在,我们就可以做好事情。

华东师范大学图书馆采访员山顺明老师也是一位德高望重的老采访员,懂书爱书,各个语种的文献都做过。他对原始资料特别感兴趣。20 世纪 80 年代,中国各地开始修地方志。山老师开始收集新方志,他跟全国各个地区大部分县的县志办联系,一封一封地发纸质信,从全国各地邮购地方志,现在华东师范大学图书馆的新方志收藏已经有一定的规模了。与他交往的很多老师都具有相同特征,爱书如命,知道到哪里可以淘得到好书。我有幸跟他们到出版社书库、小书店隐藏的货架上扫书。拿起书来,用笔记本电脑登录馆藏系统查重。如果系统里有,就有一种胜利感——连这本书也有了;如果没有,也有一种收获的喜悦——没白忙活。尽管满身灰尘,但都满心欢喜。

用户驱动(或需要驱动)的采购方式可以快速及时地满足读者当前需要,能最大限度地发挥经费作用。馆员采选方式可以较好地弥补前者分散性、随意性、被动性的缺点,促成文献资源的系统性和整体性。一本书,仅从它本身来看,可能看不出什么价值,若把它放在一个体系中,就可以显示其意义。每本书都有出现和存在的理由,如何选择和组织关键在于选择图书的角度和眼光。选择和组织文献是最能发挥与体现采访馆员价值与作用的工作。随着电子图书的引进,今后的文献资源建设中,用户驱动模式将逐渐成为采选主要模式,"资源为王"时代逐渐变成"服务为王"时代。2015 年前后,一大批老的采访员相继退休。一个人一个馆的大采选时代要谢幕了,学科馆员情况会怎样?现在我们拿着先进的扫描枪,匆匆忙忙地穿行于各个城市的书市,到处参加各种电子图书的讲座和平台推广会,感觉有一种漂浮和游移。在纸本和电子书之间,今后的采访员应该做什么?

　　是为记。

段双喜

2017 年岁末于上海南郊